MARCO POLO

RUSSLAND

Reisen mit
Insider-Tipps
Diese Tipps sind die ganz speziellen Empfehlungen unserer Autoren. Sie sind im Text gelb unterlegt.

Fünf Symbole sollen Ihnen die Orientierung in diesem Führer erleichtern:

★
für Marco Polo Tipps – die besten in jeder Kategorie

für alle Objekte, bei denen Sie auch eine schöne Aussicht haben

für Plätze, wo Sie bestimmt viele Einheimische treffen

für Treffpunkte für junge Leute

(112/A1)
Seitenzahlen und Koordinaten für den Reiseatlas Russland
(U/A1) *Koordinaten für den Stadtplan Moskau im hinteren Umschlag. Zu Ihrer Orientierung sind auch solche Objekte mit Koordinaten versehen, die nicht im Reiseatlas eingetragen sind.*

Diesen Führer schrieben Ulrich Stewen und Günther Wolfram, die Russland von zahlreichen Reisen bzw. als Korrespondenten kennen. Die Aktualisierung besorgte Günther Wolfram.

Die Marco Polo Reihe wird herausgegeben von Ferdinand Ranft.

Die aktuellsten Insider-Tipps finden Sie im Internet unter www.marcopolo.de

MAIRS GEOGRAPHISCHER VERLAG

MARCO POLO

Für Ihre nächste Reise gibt es folgende Titel dieser Reihe:

Ägypten • Alaska • Algarve • Allgäu • Amrum/Föhr • Amsterdam • Andalusien • Antarktis • Argentinien/Buenos Aires • Athen • Australien • Azoren • Bahamas • Bali/Lombok • Baltikum • Bangkok • Barbados • Barcelona • Bayerischer Wald • Berlin • Berner Oberland • Bodensee • Bornholm • Brasilien/Rio • Bretagne • Brüssel • Budapest • Bulgarien • Burgund • Capri • Chalkidiki • Chicago und die Großen Seen • Chiemgau/Berchtesgaden • Chile • China • Costa Blanca • Costa Brava • Costa del Sol/Granada • Costa Rica • Côte d'Azur • Dalmat. Küste • Dänemark • Disneyland Paris • Dolomiten • Dominik. Republik • Dresden • Dubai/ Emirate/Oman • Düsseldorf • Ecuador/Galapagos • Eifel • Elba • Elsass • Emilia-Romagna • England • Erzgebirge/Vogtland • Finnland • Flandern • Florenz • Florida • Franken • Frankfurt • Frankreich • Franz. Atlantikküste • Fuerteventura • Gardasee • Golf von Neapel • Gomera/Hierro • Gran Canaria • Griechenland • Griech. Inseln/Ägäis • Hamburg • Harz • Hawaii • Heidelberg • Holl. Küste • Hongkong • Ibiza/Formentera • Indien • Ionische Inseln • Irland • Ischia • Island • Israel • Istanbul • Istrien • Italien • Italien Nord • Italien Süd • Ital. Adria • Ital. Riviera • Jamaika • Japan • Jemen • Jerusalem • Jordanien • Kalifornien • Kanada • Kanada Ost • Kanada West • Kanalinseln • Karibik I • Karibik II • Kärnten • Kenia • Köln • Königsberg/Ostpreußen Nord • Ko Samui/Ko Phangan • Kopenhagen • Korfu • Korsika • Kos • Kreta • Kuba • Languedoc-Roussillon • Lanzarote • La Palma • Leipzig • Libanon • Lissabon • Loire-Tal • London • Los Angeles • Lüneburger Heide • Luxemburg • Madeira • Madrid • Mailand/Lombardei • Malaysia • Malediven • Mallorca • Malta • Mark Brandenburg • Marokko • Masurische Seen • Mauritius • Mecklenburger Seenplatte • Menorca • Mexiko • Mosel • Moskau • München • Namibia • Nepal • Neuseeland • New York • Niederlande • Nordseeküste: Niedersachsen mit Helgoland • Nordseeküste: Schleswig-Holstein • Normandie • Norwegen • Oberbayern • Oberital. Seen • Österreich • Ostfries. Inseln • Ostseeküste: Mecklenburg-Vorpommern • Ostseeküste: Schleswig-Holstein • Paris • Peking • Peloponnes • Peru/Bolivien • Pfalz • Philippinen • Phuket • Piemont/Turin • Plattensee • Polen • Portugal • Potsdam • Prag • Provence • Rhodos • Riesengebirge • Rocky Mountains • Rom • Rügen • Rumänien • Russland • Salzburg/Salzkammergut • Samos • San Francisco • Sardinien • Schottland • Schwarzwald • Schweden • Schweiz • Seychellen • Singapur • Sizilien • Slowakei • Spanien • Spreewald/Lausitz • Sri Lanka • St. Petersburg • Südafrika • Südamerika • Südengland • Südsee • Südtirol • Sylt • Syrien • Taiwan • Teneriffa • Tessin • Thailand • Thüringen • Tirol • Tokio • Toskana • Tschechien • Tunesien • Türkei • Türk. Mittelmeerküste • Umbrien • Ungarn • USA • USA: Neuengland • USA Ost • USA Südstaaten • USA Südwest • USA West • Usedom • Venedig • Venetien/Friaul • Venezuela • Vietnam • Wales • Washington D. C. • Weimar • Wien • Yucatan • Zürich • Zypern • Die besten Weine in Deutschland • Die tollsten Musicals in Deutschland

Die Marco Polo Redaktion freut sich, wenn Sie ihr schreiben: Marco Polo Redaktion, Mairs Geographischer Verlag, Postfach 31 51, D-73751 Ostfildern, E-Mail: marcopolo@mairs.de

Unsere Autoren haben nach bestem Wissen recherchiert. Trotzdem schleichen sich manchmal Fehler ein, für die der Verlag keine Haftung übernehmen kann.

Titelbild: Moskau, Goldene Kuppeln des Kreml (ZEFA)
Fotos: R. Freyer (54); Janfot: Janicek (9, 17, 18); Lade: BiM (60, 65), Rohr (67); Mauritius: De Foy (7), Dr. Kramarz (12, 46), Schmidt (68), Thonig (70), Torino (87), Westlight (78); Schapowalow: Backhaus (57), Cora (24), Nebe (29), Scholz (34, 39, 45, 48); Schuster: Explorer (51), Meier (84), Nebe (76), Scholz (20); A. Sperber (26); Transglobe: Rowan's Collection (4); ZEFA (109)

5., aktualisierte Auflage 2001 © Mairs Geographischer Verlag, Ostfildern
Chefredakteurin: Marion Zorn
Lektorat: Sabine Michaelis
Gestaltung: Thienhaus/Wippermann (Büro Hamburg)
Kartografie Reiseatlas: © Mairs Geographischer Verlag
Sprachführer: in Zusammenarbeit mit dem Ernst Klett Verlag für Wissen und Bildung GmbH, Redaktion PONS Wörterbücher

Printed in Germany
Gedruckt auf 100% chlorfrei gebleichtem Papier

INHALT

Auftakt: Entdecken Sie Russland! 5
Die Tundra für Abenteurer, das Schwarze Meer für Erholungsuchende

Geschichtstabelle 10

Stichworte: Von Abakus bis Zwiebelturm 13
Ein altes Sprichwort lautet: »Russland ist groß, und der Zar ist weit«

Essen & Trinken: Sakuska, Smetana und Saures 21
Vorspeisen und Suppen sind Favoriten der russischen Küche

Einkaufen & Souvenirs: Hauptregel: Gewusst wo 23
Matrjoschkas und Lenin-Büsten sind keine Mangelware. Doch nicht alles ist seinen Preis wert

Kalender: Feuerwerk und Folklore 27
Ostern (Pascha) ist der wichtigste religiöse Feiertag

Ein Kurzbesuch in Moskau 30

Ein Kurzbesuch in St. Petersburg 32

Der Goldene Ring: In die Schatzkammer der Russen 35
Beim Besuch der alten Städte erschließt sich die Seele Russlands

Der Norden: In die Heimat der Russen 49
Für den eisigen Norden braucht man Muße und Ausdauer

Kaliningrad/Königsberg: Auf der Suche nach Identität 55
Verklärte Vergangenheit – graue Gegenwart: An Kaliningrad scheiden sich die Geister

Wolga-Gebiet: Die freigebige Wolga 61
Im Herzen Russlands muss der Reisende noch Pioniergeist mitbringen

Südrussland: Das ganze Jahr lang ist Saison 71
Soči ist die »Perle« an der Schwarzmeerküste. Die kaukasischen Mineralbäder sind ein Geheimtipp

Sibirien und der Ferne Osten: 100 Kilometer sind keine Entfernung 79
Unberührte Taiga und gigantische Städte ergeben einen widersprüchlichen Reiz

Routen in Russland 88

Praktische Hinweise: Von Anreise bis Zoll 92

Warnung: Bloß nicht! 98

Russisch zum Zeigen 99

Sprachführer Russisch: Sprechen und Verstehen ganz einfach 103

Reiseatlas Russland 111

Register 127

Was bekomme ich für mein Geld? 128

Entdecken Sie Russland!

Die Tundra für Abenteurer, das Schwarze Meer für Erholungsuchende

Geografisch war Russland schon immer gigantisch – unter den Zaren ebenso wie unter der Sowjetmacht und auch heute. Russland war Kernland, andere Gebiete schlossen sich freiwillig an oder wurden durch Krieg, Annexion und politische Unterdrückung einverleibt. Russland bringt den Hauptteil in die Gemeinschaft Unabhängiger Staaten (GUS) ein. Mit welchem Staat der Erde wäre dieses Land vergleichbar? Russland ist ein Kontinent, mehr als doppelt so groß wie Australien, fast fünfzigmal so groß wie Deutschland.

Wenn sich alle Vertreter der Russischen Föderation in der Hauptstadt Moskau treffen würden, müsste schon ein mittelgroßer Saal im Kreml freigemacht werden. Dann kämen die Abgesandten von über hundert Völkern und nationalen Minderheiten. Russland ist ein Vielvölkerstaat. Den größten Anteil mit 81,5 Prozent haben freilich die Russen. In autonomen Republiken, Gebieten und Kreisen leben Chanten und Mansen, Ewenken, Nenzen, Permjaken, Korjaken, Dolganen und Tschuktschen. Mit nur 500 Personen bilden die Enzen die kleinste Volksgruppe. Sie siedeln im Süden der westsibirischen Region Krasnojarsk.

Die Attraktionen der russischen Städte sind die prunkvollen Kirchen und Klöster wie hier das Wallfahrtszentrum Sergiev Posad

Der äußerste westliche Punkt Russlands liegt an der Grenze zu Polen unweit von Kaliningrad (Königsberg). Der am weitesten östliche Punkt auf dem Festland befindet sich am Kap Deshnjew auf der Tschuktschen-Halbinsel. Fast 10 000 km misst die Entfernung zwischen den Küsten der Ostsee in Europa und der Tschuktschen-See im Fernen Osten.

Wie weit liegen Russland und Amerika auseinander? Gerade mal 85 km – die Beringstraße – trennen das russische Festland von der Küste Alaskas. Und noch vor rund 135 Jahren reichte die russische Herrschaft auf den nordamerikanischen Kontinent. Erst 1867 wurde Alaska für ein Trinkgeld von 7,3 Mio. Dollar an die USA verkauft.

Die Ost-West-Ausdehnung ist so gewaltig, dass sie mehr als 170 Längengrade misst. Das Territorium des Landes erstreckt sich über elf Zeitzonen. Dämmert im Westen der Morgen, neigt sich im Osten bereits der Tag. Uhrenvergleich: Zehn Stunden beträgt der Zeitunterschied zwischen Sankt Petersburg und Anadyr im fernen Nordosten.

Der nördlichste Punkt befindet sich hinter dem Polarkreis am Kap Tscheljuskin in Sibirien. Und nur acht Grad vom Nordpol entfernt liegt die Rudolfinsel im Archipel Franz-Joseph-Land des Nordpolarmeeres. Den südlichsten Punkt bildet die Region Vladivostok am Japanischen Meer.

Russland grenzt an 14 Nachbarstaaten: Norwegen, Finnland, Estland, Lettland, Litauen, Polen, Weißrussland, Ukraine, Georgien, Aserbaidschan, Kasachstan, Mongolei, China und Nordkorea. Der kleinere Teil Russlands liegt in Europa und wird im Osten vom Ural begrenzt, der größere Teil liegt in Asien und schließt Sibirien und den Fernen Osten ein.

Russland verbindet Europa und Asien. Der deutsche Naturforscher Alexander von Humboldt sprach daher von Eurasien. Der asiatische Großraum ist durch die Ströme Ob, Jenissej und Lena, die in das Nördliche Eismeer fließen, in drei Großräume gegliedert.

Über drei Millionen Ströme und kleinere Flüsse durchziehen das Land, 200 von ihnen sind länger als 500 km. Einige fließen gemächlich durch das Tiefland, wie der Ob, andere ergießen sich tosend in Binnenseen – wie die Angara, die den tiefsten Süßwassersee der Welt, den Baikal, nährt. Doch der russischste von allen ist die Wolga (Volga) – liebevoll »Mütterchen« genannt –, die in das Kaspische Meer mündet und ein Gigant unter den europäischen Flüssen ist. Mit ihren zahlreichen Nebenflüssen ist die Wolga zudem eine der wichtigsten Verkehrsadern Russlands.

Was könnte die enormen Ausmaße des Landes besser veranschaulichen als ein Blick auf die breite Palette der Naturzonen? Unter der sengenden Sonne in den tuwinischen Subtropen – an der mongolischen Grenze – trägt ein aus Arabien stammender Feigenbaum Früchte. Ein rauer Meereswind treibt am Kap Čeljuskin aber sogar im Hochsommer Eisschollen an die Küste und türmt sie zu Packeis. Da gibt es Regionen, in denen neun Monate im Jahr bitterkalter Winter herrscht, und Gegenden, wo im Januar die Veilchen blühen.

Die Marco Polo Bitte

Marco Polo war der erste Weltreisende. Er reiste in friedlicher Absicht, verband Ost und West. Er wollte die Welt entdecken, fremde Kulturen kennen lernen, nicht zerstören. Könnte er heute für uns Reisende nicht Vorbild sein? Aufgeschlossen und friedlich sollte unsere Haltung auf Reisen sein. Dazu gehören auch Respekt vor Mensch und Tier und die Bewahrung der Umwelt.

WWF

Seit Jahrhunderten werden Häuser wie diese Datscha aus Holz gebaut

Russland teilt sich in vier Klimazonen. Im äußersten Norden herrscht polares und subpolares Klima, gefolgt von zwei Zonen, die von kaltem bzw. gemäßigtem Kontinentalklima geprägt sind. Allein im tiefen Süden – an der Schwarzmeerküste etwa – wird es subtropisch. Ebenso abwechslungsreich präsentieren sich die Vegetationszonen. Während ein spärlicher Flechtenwuchs im hohen Norden Grundnahrung für das Rentier ist, gedeihen im Süden Reis, an den Hängen des Kaukasus Tee, und in der fernöstlichen Primorje-Region wachsen Sojabohnen. Dort findet man auch den Energie spendenden Ginseng, und im Wolga-Delta blüht die Lotosblume. In der nördlichen Tundra mit Dauerfrostboden wachsen lediglich Flechten und Moose. Ausgedehnte Moore und Sümpfe trennen sie von der waldreichen Taiga, die sich quer durchs Land zieht. Hier wachsen Fichten und Kiefern, Lärchen und Birken. In den gemäßigten Regionen schließen sich Eichen, Weißbuchen, Eschen, Ulmen und Linden an. Russland, das heißt Wald: Die Hälfte der weltweiten Holzvorkommen wachsen auf russischem Boden.

Eine alpine Gebirgsflora trifft man im Kaukasus und im Ural an. Ein Katalog der Tierwelt liest sich wie das Artenverzeichnis der größten zoologischen Gärten: Walross, Seehund, Eisbär, Polarfuchs, Braunbär, Wolf, Luchs, Zobel, Nerz, Elch, Reh, Wildschwein, Tiger, Leopard, Antilope, Hyäne, Mufflon, Steinbock und Rotwolf. In den Binnengewässern und Meeren sind mehr als 1500 Fischarten nachgewiesen, von denen über 250 für den Fischfang Bedeutung haben.

Bis in die Dreißigerjahre waren Individualreisen nach Sowjetrussland noch möglich. Der erste »Führer durch die Sowjetunion« erschien 1925 und gab eine detaillierte Übersicht über die Städte Moskau, Leningrad, Charkiv, Kyjiv (Kiew) und Odessa. Reisen mit der Transsibirischen Eisenbahn haben der Reporter Egon Erwin Kisch und der Schriftsteller George Bernard Shaw beschrieben.

Doch mit der politischen Abkapselung des Landes nach Intervention, Krieg und Nachkriegszeit waren solche Erlebnisse fast ausgeschlossen. Nach 1956 wurden meist Städtereisen über das Staatsunternehmen Intourist vermittelt, um russische Landschaften kennen zu lernen und aus der Ferne einen Blick auf den sowjetischen Alltag zu werfen. Solche Reisen führten an Stätten der Revolution, zu Orten, an denen Gründungsvater Lenin gewirkt hatte oder der Opfer des Großen Vaterländischen Krieges (1941–45) gedacht wurde. Erst mit der Liberalisierung in den 1980er-Jahren durch Michail Gorbatschow ging eine Öffnung des Landes einher. Der Mythos vom Ausländer als Spion, der kommt, den sozialistischen Aufbau auszuspähen und sich mit undurchschaubaren Tricks den Sowjetmenschen zu nähern, verflog schnell.

Heute werden zahlreiche Besuchsprogramme auch von russischen Reisebüros angeboten. Über 800 ausländische Touristikunternehmen unterhalten Geschäftsbeziehungen zu Russland. Immer noch ist es ein strapaziöses Unterfangen, Russland auf eigene Faust zu erkunden. Das erfordert Zeit und eine genaue Vorbereitung, schon allein deshalb, weil beispielsweise Hotels im Voraus gebucht werden müssen. Stets ist die Nachfrage größer als das Angebot. Immer noch fehlt es an entsprechenden Übernachtungsgelegenheiten.

Organisierte Gruppen- und Pauschalreisen haben dagegen viele Vorteile. Immer mehr private Reiseveranstalter haben – besonders in den Touristenzentren – inzwischen Fuß gefasst.

So bietet der Russland-Tourismus auch ein Spiegelbild der politischen Landschaft des Landes, seiner Entwicklung und Erwartungen. Das europäisch-asiatische Land ist im Wandel, dessen Ziel sich erst langsam abzuzeichnen beginnt. Der Übergang von der totalitären Kommandowirtschaft zum Markt ist mit immensen Problemen verbunden, die dem Besucher auf Schritt und Tritt begegnen. Lange Schlangen vor den Geschäften

Der Winterpalast in St. Petersburg ist heute Teil des Kunstmuseums

und gähnend leere Regale gehören nicht mehr zum Alltag, doch wenn sich die Wirtschaftskrise weiter verschärft, kann neuer Mangel entstehen. Gefährlich steigende Preise, verzögerte Auszahlung der Löhne und Zunahme der Arbeitslosigkeit führen immer mehr Menschen in die Armut.

Auf den freien Märkten *(Rynok)*, die es in allen Städten gibt, wird ein reichhaltiges Angebot an Fleisch, Gemüse und Obst feilgeboten, teils aus den südlichen Nachbarländern der Gemeinschaft Unabhängiger Staaten, allerdings zu Preisen, die sich Einheimische nur selten leisten können.

All das erlebt der ausländische Besucher als Zuschauer. In den Hotels, die Devisen einnehmen, sind die Mahlzeiten geregelt. Hier kann sich der Charme der russischen Küche entfalten. Das sollte nicht darüber hinwegtäuschen, dass eine touristische Infrastruktur, wie sie der westliche Urlauber erwartet, erst im Entstehen ist.

Neugierige werden in Russland auf ihre Kosten kommen: den goldenen Strand an der Küste des Schwarzen Meeres zu genießen oder weit hinter dem Ural das Land beiderseits der Lena-Ufer zu erkunden, im Nordkaukasus auf Skiern zu wedeln, Wildwasserfahren auf reißenden sibirischen Bergflüssen, mit dem Tragflügelboot über den Baikalsee zu brausen, die unendlichen Weiten Sibiriens auf Langlaufskiern oder die Kurische Nehrung zu Fuß zu durchqueren, selbst das Abenteuer einer Autofahrt – all das bietet der Kontinent Russland.

»Für Touristen ist Sowjetrussland das interessanteste Land der Welt, und es wird mit jeder Woche, nein mit jedem Tag interessanter.« Das schrieb George Bernard Shaw im Jahr 1929. Daran muss man heute keine Abstriche machen – nur einen: Sowjetrussland gehört der Vergangenheit an, die Russische Föderation geht neue Wege.

Geschichtstabelle

Ca. 4000 v. Chr.
Besiedlung des Kaukasus

600 n. Chr.
Erste urkundliche Erwähnung der Russen

700
Normannische Kaufleute, die Waräger, gründen Stützpunkte an den Handelsstraßen entlang der Flüsse Dnjepr und Wolga auf dem Weg nach Byzanz

862
Gründung des russischen Staates durch den Waräger Rurik in Novgorod

880
Sein Nachfolger Oleg erobert Kijev und vereinigt das nördliche und das südliche Reich (Kijever Rus)

988
Vladimir I. führt mit seiner Taufe das Christentum ein

1019–1054
Blütezeit unter Jaroslaw I., dem Weisen; das Reich wird bis zu den Karpaten ausgedehnt

1236–1241
Mongolen aus dem Osten (»Goldene Horde«) unterwerfen die russischen Fürstentümer

1380
Dimitrij Donskoi besiegt die Tataren, sein Großfürstentum reicht von Moskau bis zur Wolga

1547
Iwan IV. – der Schreckliche – wird »Zar und Selbstherrscher des ganzen großen Russlands«

1598
Beginn der Eroberung Sibiriens

1613
Mit Michail Romanow beginnt die Zarendynastie der Romanows, die bis 1917 herrschen

1654
Vereinigung Russlands mit der Ukraine

1682–1725
Peter I. – der Große – reformiert und bindet das Land an Westeuropa; Russland wird europäische Großmacht; Sankt Petersburg wird Hauptstadt

1762–1796
Katharina II. – die Große – tritt mit Reformen hervor

1812–1814
Napoleon fällt in Russland ein; sein Feldzug endet in einem Fiasko; Russlands Macht wächst nach dem Wiener Kongress

1825
Der Staatsstreich liberaler Offiziere gegen die Zarenherrschaft – Dekabristenaufstand – wird niedergeschlagen

1861
Aufhebung der Leibeigenschaft

1881
Zar Alexander II. wird von Anarchisten ermordet

1903
Die in Russland verbotene Sozialdemokratische Arbeiterpartei spaltet sich in Brüssel in Menschewiki (Minderheit) und Bolschewiki (Mehrheit)

1905
Niederlage Russlands im Russisch-Japanischen Krieg

1914
Kriegserklärung Deutschlands an Russland

1917, 15. März
Bürgerliche Revolution, Zar Nikolaus II. dankt ab und wird im Folgejahr ermordet

1917, 14. September
Ministerpräsident Kerenskij erklärt Russland zur Republik

1917, 7. November
Sozialistische Oktoberrevolution unter Lenin

1922
Mehrere Sowjetrepubliken schließen sich zur Union der Sozialistischen Sowjetrepubliken – UdSSR – zusammen

1924
Stalin wird Nachfolger Lenins

1927–1939
Kollektivierung, Enteignung der Großbauern, Massendeportationen nach Sibirien und politische Säuberungsaktionen kosten Hunderttausende Menschenleben

1939
Deutschsowjetisches Nichtangriffsabkommen (Hitler-Stalin-Pakt)

1941–1945
Deutschland überfällt die Sowjetunion (Großer Vaterländischer Krieg): 20 Mio. Tote, 25 Mio. Obdachlose

1953
Tod Stalins; Nikita Chruschtschow wird Parteisekretär der KP

1956
20. Parteitag, Chruschtschow enthüllt in einer »Geheimrede« die stalinistischen Verbrechen

1961
Jurij Gagarin als erster Mensch im Weltraum

1964–1982
Regierungszeit von Leonid Breschnew

1979–1989
Sowjettruppen in Afghanistan

1985
Michail Gorbatschow kommt an die Macht: liberale Innenpolitik, Abrüstungsbemühungen

1986
Atomkatastrophe von Tschernobyl; Nationalitätenkonflikte

1991
Putsch konservativer Kräfte gegen Gorbatschow; die Sowjetunion löst sich auf; Russland und elf Republiken bilden die Gemeinschaft Unabhängiger Staaten (GUS)

1993
Jelzin entscheidet den Machtkampf gegen den Vorsitzenden des Obersten Sowjets mit Militärgewalt für sich

1994–1996
Krieg der russischen Armee gegen Tschetschenien

1998
Tiefe Wirtschafts- und Finanzkrise, Präsident Jelzin wechselt die Regierung mehrfach aus

1999/2000
Jelzin gibt das Präsidentenamt an Premier Wladimir Putin ab, der im Juni 2000 zum Präsidenten Russlands gewählt wird

Von Abakus bis Zwiebelturm

Ein altes Sprichwort lautet:
»Russland ist groß, und der Zar ist weit«

Abakus
Auch im Zeitalter der Computer ist dieses alte Rechenbrett noch gebräuchlich. Man findet es in Geschäften und auf dem freien Markt. Jede Reihe hat zehn Kugeln und entspricht jeweils einer Größenordnung – Einer, Zehner, Hunderter usw. Dann gibt es eine Reihe mit nur drei Kugeln, die für den Dezimalpunkt stehen. Meist geht die Rechenoperation so flink, dass der ungeübte Beobachter staunend dasteht und noch nicht einmal seinen Taschenrechner gezückt hat.

Balalaika
Russisches Zupfinstrument mit dreieckigem Schallkörper. Überall, wo Volksmusik erklingt, trifft man dieses Saiteninstrument an. Die Balalaika wurde erstmals um 1700 in der Ukraine erwähnt.

Bevölkerungsrückgang
Die niedrigen Geburtenraten sowie der rapide Anstieg der Sterblichkeit beschäftigen nicht nur das Gesundheitsministerium. Die Demografen schlagen Alarm. Die Einwohnerzahl Russlands, 145,6 Mio. bei der letzten Volkszählung, sinkt überaus schnell. Im ersten Halbjahr 2000 ist die Gesamtzahl um 425 000 zurückgegangen. Während 1990 noch 13,4 Kinder je 1000 Einwohner geboren wurden, waren es 1999 nur noch 8,4. 1999 sind in Russland 1,2 Mio. Kinder zur Welt gekommen, für die Reproduktion der Bevölkerung wären aber 1,95 Mio. nötig.

Die prächtigen Ikonen sind für Gläubige Mittelpunkt der Andacht

Duma
Seit 1993 wieder oberste Volksvertretung Russlands. In der *Gosudarstvennaja Duma* (Staats-Duma) sitzen heute 450 Abgeordnete, eine Wahlperiode dauert vier Jahre. Die Zusammensetzung der Duma erfolgt zur Hälfte aus den Abgeordneten, die nach dem Verhältniswahlrecht auf der Basis der Parteien sowie zur anderen Hälfte nach dem Mehrheitswahlrecht (pro Wahlkreis ein Abgeordneter) gewählt werden. Bereits 1905 hatte Zar Nikolaus II. die Duma ins Leben gerufen, nicht um eine liberale Politik zu för-

dern, sondern um die revolutionäre Bewegung zu schwächen. 1917 löste der Zar die Duma auf, und in der Ära der Sowjetunion regierte allein das Zentralkomitee der Kommunistischen Partei.

Ikone

Russland ist reich an Zeugnissen von Heiligenbildern. Man trifft sie in vielerlei Formen und Größen in Klöstern, Kathedralen und Museen an. Die Ikonenmalerei entstand als Zweig der byzantinischen Sakralkunst. Die Christianisierung der Kiewer Rus (slawische Stämme, die das Reich um Kiew beherrschten, 9./10. Jh.) brachte zahlreiche Maler aus Konstantinopel ins Land. Die Inhalte orientierten sich eng an religiösen literarischen Vorlage wie der Bibel, Legenden und Hymnen. Die Vladimir-Suzdaler Schule etwa brachte Zeichnungen mit weichem Kolorit in die Maltechnik. Bis ins 17. Jh. dominierte die Moskauer Ikonenschule, die vor allem durch Andrej Rubljov (1360–1430) ihre Blütezeit erreichte. Als Ikonostas bezeichnet man eine mit reichen Ikonen geschmückte dreitürige Bilderwand, die die Kirchengemeinde vom Altarraum trennt.

Intourist

Seit 1929 war die sowjetische Reisefirma – offiziell »Unionsaktiengesellschaft für Auslandstourismus in der UdSSR« – für den Fremdenverkehr zuständig, für Empfang und Betreuung von Touristen. Mit seinen zahlreichen Kontakten auf allen Kontinenten war das Unternehmen Monopolist in Russland. Kein Kunststück also, zu den größten Reiseveranstaltern der Welt zu gehören. Heute ist die Firma eine Aktiengesellschaft – VAO Intourist – und ein Anbieter unter mehr als 600 im ganzen Land. Intourist hat mit mehr als 800 ausländischen Partnern Verträge und ist beteiligt an mehreren Hotels in allen GUS-Staaten. Weitere Aktiengesellschaften oder Privatfirmen mit oft skurrilen Namen wie Dinosaurier, Titanic oder Dynamit sind vor allem auf regionaler Ebene entstanden.

Kosaken

Gegenwärtig bekennen sich elf Millionen Menschen in der ehemaligen Sowjetunion zu ihrer kosakischen Herkunft. Nach Jelzins Rehabilitierungserlass 1990 schlossen sich die neu entstandenen regionalen Landsmannschaften zur Gesamtrussländischen Kosakenunion zusammen. Ihre Zielsetzung: Sie treten für den Erhalt des russischen Imperiums ein, sind unbedingt staatstreu und schwören auf die integrierende Rolle des russisch-orthodoxen Glaubens. Sie erhoffen sich von der russischen Regierung weit reichendere Sonderrechte wie militärische und polizeiliche Kompetenz, die sie einst unter dem Zaren besaßen.

Die Kosaken (türkisch *kasak,* »Nomade«) waren seit dem 15. Jh. Angehörige militärisch organisierter Gemeinschaften. Sie lebten vor allem in den südlichen und östlichen Grenzgebieten und wählten selbst ihre Anführer, die Atamane. Die Kosaken formierten sich, als zahlreiche leibeigene Bauern aus den zentralrussischen Gebieten und aus der Ukraine flohen und sich in den Randgebieten niederließen. Oft waren sie an Aufständen beteiligt. Nach der Revolution von 1917, bei der sie sowohl auf Seiten der Roten als auch auf Seiten der Weißen kämpften, waren sie Verfolgungen ausgesetzt, wurden hingerichtet oder deportiert. Seit 1990 ist dieses kühne Reitervolk – auch im Straßenbild Moskaus – nicht mehr zu übersehen.

Kreml

Viele alte Städte Russlands können auf einen Kreml verweisen. Der bekannteste Kreml ist natürlich jener am Roten Platz in Moskau. Zwischen dem 12. und 15. Jh. entstanden diese festungsartigen Stadtteile als Kern von Ansiedlungen. Die »Burgstädte« sind meist bedeutende Architekturensembles mit Kathedrale, Kirchen, Glockenturm und häufig dem Sitz des Erzbischofs. Der Kathedralenplatz im Zentrum der Anlage war Versammlungsort, wo wichtige Entscheidungen getroffen, Urteile gefällt und auch vollstreckt wurden. Hier fanden Märkte statt, von hier zogen die Soldaten in den Kampf, hier wurden ihre Waffen gesegnet, hier ehrte man die Sieger und trauerte um die Toten.

Kyrillische Schrift

Die Kyrillitza, das russische Alphabet, ist aus dem griechischen entstanden und seit dem 10. Jh. in Russland gültig. Bereits damals gab es in der Kijever Rus auf der Grundlage des von dem Slawenapostel Kyrill geschaffenen Alphabets eine Schrift. Die russische Sprache gehört ebenso wie die ukrainische und die weißrussische zur Familie der ostslawischen Sprachen. Mit der Sprachreform durch Zar Peter I. wurden die Voraussetzungen für die Entwicklung der russischen Literatursprache aus dem Kirchenslawischen geschaffen.

Medien

Gorbatschows Perestroika- und Glasnostpolitik brachte Schwung und im wörtlichen Sinne auch Farbe in die einst so triste Medienlandschaft. An Stelle langatmiger Artikel und seitenlangen Bleiwüsten sind lockerer Sprachstil und modernes Layout in die Printmedien gekommen. Neben den altbekannten Titeln *Iswestija* (Neuigkeiten), *Trud* (Arbeit), *Prawda* (Wahrheit) beleben heute *Rossiskaja Gaseta* (Russische Zeitung), *Sewodnja* (Heute), *Nesawissimaja Gaseta* (Unabhängige Zeitung) den Markt. Spitzenauflagen erreichen *Moskowskij Komsomolez* (1,5 Mio), ein Boulevardblatt, früher Zeitung des Komsomol, der staatlichen Jugendorganisation der UDSSR, und die Wochenzeitung *Argumenty i Fakty* (Argumente und Fakten, 3,4 Mio.).

Daneben sind neue lokale Blätter entstanden, auch Anzeigenblätter sowie ein buntes Spektrum von Interessenzeitschriften, für Frauen, Männer, Sportler, Angler usw.

Auch in die Fernsehstudios ist Professionalität, leichte Hand und flotte Sprache in den journalistischen Genres eingekehrt. Neben Nachrichten- und Unterhaltungssendungen, Übertragungen aus Schauspiel- und Balletthäusern gibt es Talk-, Reality- und Werbeshows, Seifenopern und Ratgebersendungen und – ganz nach amerikanischem Vorbild – Werbeblöcke (auch in englischer Sprache). Neben dem *Ersten* und *Zweiten Programm* hat sich zum Beispiel auch der einflussreiche

Sender *ntv* etablieren können. Jede Republik, jede Region und größere Städte bestreiten inzwischen eigene Fernsehstationen.

Nationalitätenkonflikte

Ein zentrales Problem für die Beziehungen der Völker und Nationen des ehemaligen sowjetischen Imperiums ist die Frage der Grenzen zwischen ihren nationalstaatlichen Gebilden. Gegenseitige Gebietsansprüche reichen oft weit in die Vergangenheit zurück. Zuweilen sind sie auch durch engstirnigen Nationalismus hervorgerufen. In der Regel steckt dahinter das Ziel, willkürliche politische Festlegungen durch die frühere Kommunistische Partei oder den Staat wieder rückgängig zu machen.

In nationalem Hader entlädt sich die Unzufriedenheit der Menschen, die durch Not, Rechtlosigkeit oder fehlende soziale Perspektive begründet ist. 1992 entbrannten schwere Kämpfe zwischen georgischen Truppen und den nach Unabhängigkeit von Georgien strebenden Abchasen. Die ausgehandelte Waffenruhe bleibt trügerisch. Ende 1994 schließlich begann Russland einen verheerenden Krieg gegen Tschetschenien, der auf beiden Seiten furchtbare Opfer forderte und noch nicht zu Ende ist. Letztendlich war dieser Krieg auch als Warnung vor Loslösungsbestrebungen anderer nichtrussischen Völker und autonomen Gebiete geführt worden.

Die diplomatischen Vertretungen raten von Reisen in die nordkaukasischen Regionen Dagestan, Inguschetien, Nordossetien, Kabardino-Balkarien und Karatschajewo-Tscherkessien ab.

Rubel

Der Rubel ist in letzten Zeit stabiler geworden, aber noch rollt er nicht für jeden. Er ist die Währung vieler Staaten der GUS. Erste Erwähnung fand er 1315 – als gestempelter Silberbarren. Unter Zar Peter dem Großen wurde er als Silbermünze geprägt. Erst 1924 wurde der Silberrubel aus dem Verkehr gezogen. Danach gab es fast 50 Jahre lang nur Papiergeld. Seit 1961 kamen wieder Münzen aus Kupfernickel in Umlauf. Ein Rubel entspricht 100 Kopeken.

Rus

Woher stammt der Name »Russland«? Im 9. Jh. gab es auf dem heutigen Gebiet Russlands zwei riesige Staatengebilde, im Osten und in der Ukraine. Die slawischen Stämme im Westen und Norden dagegen lebten in kleinen Gemeinschaften ohne staatlichen Zusammenhang. Erst die Waräger – deutsch: »Verbündete im Krieg« –, die immer häufiger aus ihrer skandinavischen Heimat über die Ostsee in das Gebiet der Stämme vordrangen, lieferten den Anlass zum engeren Zusammenschluss.

Der Name eines weiteren Reiches, das auf Druck von außen entstand, leitet sich von dem finnischen Wort *Rus* – Ruderer – ab. Nach langen Jahren der Unterdrückung und Tributpflicht, von Belagerung und Bruderzwist schaffte es der zum Christentum bekehrte Fürst Vladimir zur Jahrtausendwende, den Rus-Staat zu festigen. Das Reich der Kijever Rus erstreckte sich damals vom Ladoga-See im Norden bis zur Krim-Region, von der Weichsel bis zur Wolga.

Russisch-orthodoxe Kirche

Wer heute nach Russland reist, merkt allenthalben, dass die Kirche lebendig ist. Die Gotteshäuser sind wieder gut besucht. Die Priester gehen auch an die Öffentlichkeit. Vielerorts werden Heiligenbilder zum Verkauf angeboten. Einstige Mitglieder der allmächtigen kommunistischen Partei ließen sich taufen nach der Devise »Gospodi, pomilui«, Herr, erbarme Dich!

Vom 10. Jh. an setzte sich das griechisch-orthodoxe Glaubensbekenntnis von Byzanz aus auch im damaligen Russland durch. Nach der Christianisierung unter Vladimir im Jahr 988 wurde in Kijev, später auch in Vladimir und Moskau, ein Metropolit eingesetzt. Heute nennt sich das kirchliche Oberhaupt Patriarch. Der Zar blieb bis 1918 »Erhalter der Dogmen und Hüter der Rechtgläubigkeit aller kirchlichen Ordnung«.

Über 70 Jahre war der christliche Glaube nach der Oktoberrevolution von staatlicher Seite be-

Russland-Symbol und Stätte des Glaubens: die Basilius-Kathedrale in Moskau

kämpft worden. Mit dem Leninschen Dekret vom 23. Januar 1918 wurde die Orthodoxie als Staatskirche liquidiert. Ihr Besitz wurde beschlagnahmt, Tausende Kirchen geplündert und als Hort der Agitation (»Religion ist das Opium des Volkes«) gebrandmarkt, Priester wurden in Lager geschickt. Von manchem Glockenturm erklang »Die Internationale«. Viele Kirchen wurden zu Getreide- und Warenlagern, zuweilen gar in Viehställe umgewandelt. Allein kunsthistorisch wertvolle Gotteshäuser blieben erhalten, wurden teils zu Museen umgestaltet oder restauriert.

Seit 1990 gilt wieder Religionsfreiheit. Und die Russen nehmen sie in Anspruch. Kirchenoberhaupt Patriarch Alexi II., seit 1990 im Amt, will keine Verquickung von Kirche und Staat. Das Oberhaupt beharrt auf Selbstständigkeit. Tausende neuer Gemeinden sind entstanden.

Transsibirische Eisenbahn

Die längste durchgehende Bahnlinie der Welt – 9296 km, davon sind 467 km elektrifiziert – führt über die Städte Jaroslavl, Perm, Jekaterinburg, Omsk, Novosibirsk, Irkutsk, Ulan-Ude, Čita und Chabarovsk. Vor über 100 Jahren, im Mai 1891, begann man in Vladivostok mit dem Bau. Bereits drei Jahre später war die erste Teilstrecke nach Iman – 404 km – in Betrieb. Auch von Westen her wurde die Magistrale vorangetrieben. 1895/96 waren 89 000 Arbeiter an der Strecke beschäftigt. Pro Jahr wurden 650 km fertig gestellt, bis 1905 das letzte Gleisstück verlegt war. Zunächst fuhr die Bahn eingleisig, berechnet auf drei bis vier Züge pro Tag in jede Richtung. Dann kam in den 1930er-Jahren eine Parallelstrecke hinzu.

Wirtschaft

Der Transformationsprozess von der zentralistischen sowjetischen Planwirtschaft zur freien Marktwirtschaft geht einher mit tiefen Verwerfungen in der Gesellschaft. Die neuen Entscheidungsträger hatten – ohne ausreichende Kenntnisse der modernen

Fackeln zeugen von dem, was unter der sibirischen Erde liegt: Öl

Volkswirtschaftslehre – geglaubt, mit einem beschleunigten Übergang zur Marktwirtschaft den tief greifenden Wandel zu vollziehen. Der überkommene Staatskapitalismus sollte in Form einer Schocktherapie durch das System der ungehemmten Konkurrenz ersetzt werden. Bald zeigte sich, dass durch die Liberalisierung des Handels, durch die Freigabe der Preise eine Hyperinflation erzeugt wurde. Seit der Finanz- und Wirtschaftskrise im August 1998 und der Abwertung des Rubels zeichnet sich heute eine Stabilisierung der Wirtschaft ab. Durch die hohen Weltmarktpreise für Erdöl und Erdgas sowie durch den Import preisgünstiger Waren konnte im Jahr 2000 der Außenhandelsüberschuss verdoppelt werden. Im ersten Halbjahr 2000 stieg das Bruttoinlandsprodukt um 7,3 Prozent und der Umfang der Industrieproduktion um 10,3 Prozent, während die Inflation bei 16,5 Prozent lag. Die Investitionen zeigen einen deutlichen Aufwärtstrend.

Präsident Putins stringenter Regierungsstil (»Recht und Ordnung«, »starker Staat«) zeigt inzwischen auch die ersten Wirkungen. Die Reformen erhalten einen deutlichen Schub. »Russlands wirtschaftlicher Start ins neue Jahrtausend scheint gelungen zu sein«, urteilt das Deutsche Institut für Wirtschaftsforschung Berlin. Dieser deutliche Aufwärtstrend zahlt sich aber noch nicht für jeden Russen aus.

Unterhalb des Existenzminimums leben offiziell etwa 22 Prozent der Bevölkerung, das sind rund 33 Millionen Russen; nach inoffiziellen Schätzungen sind es über 30 Prozent.

Man wird sehen, wie sich die 2001 eingeführte einheitliche Einkommenssteuer von 13 Prozent auswirken wird.

Wodka

Traditioneller russischer Branntwein, der von Brest bis Vladivostok zu jeder Mahlzeit gehört. Er wird durch Destillation von Weizen und Mais, Korn und Kartoffeln oder nur von Kartoffeln gewonnen. Der Schnaps ist farb- und fast geruchlos. Neben dieser klassischen Form kann er auch mit Zitrone, Pfeffer oder Büffelgras aromatisiert sein. Handelsüblich wird er mit 40 Prozent angeboten. Im Restaurant bestellt man Wodka (wörtlich »Wässerchen«) nach Gewicht, die kleinste Portion beträgt 100 g. Vor allem auf dem Lande wird Wodka selbst gebrannt *(Samagon)*. Nicht selten liegt dann der Alkoholgehalt bei lebensgefährlichen 90 Prozent. Offiziell ist die Herstellung von *Samagon* verboten. Seit 1998 hat der Staat wieder das Alkoholmonopol übernommen. Bis 1991 machten die Einnahmen aus dem Spirituosenverkauf 30 Prozent des Staatshaushaltes aus. Die Aufgabe des Monopols hatte dazu geführt, dass die Einnahme in die Taschen von illegalen Produzenten und Schmugglern floss. Die Verluste des Staates betrugen etwa 30 Milliarden Rubel.

Zwiebeltürme

Unübersehbar sind die Türme auf russischen Kirchen. Sie sind oft vergoldet und eine weithin sichtbare Zier von Stadt und Land. Es heißt, ihre Form sei eine Nachbildung von Helmen der Krieger aus dem mittelalterlichen Reich der Kijever Rus.

Sakuska, Smetana und Saures

Vorspeisen und Suppen sind Favoriten der russischen Küche

Essen

»Greif recht zu, das lieb ich sehr, hier steht ein neuer Teller. Mach die Schüssel völlig leer, zwei sind noch im Keller.« Diese Sätze des Fabeldichters Krylow treffen zwei Wesenszüge der Tischsitten in Russland: Man isst gern, gut und üppig – und man animiert ebenso gern Gäste dazu. Die heutige russische Küche ist rund 150 Jahre alt. Unverkennbar sind Einflüsse des Orients und der westeuropäischen – besonders der französischen – Küche, die im 17. und 18. Jh. die Speisen in den Salons bestimmte. Unter der Sowjetmacht flossen dann kulinarische Kostbarkeiten anderer Nationalitäten ein. So findet man heute auch ukrainischen *Borschtsch*, eine Suppe aus vornehmlich roten Rüben, oder georgische *Saziwi*, ein Kaltgericht aus Huhn oder Pute.

Zwei Dinge fallen dem Besucher, der zum ersten Mal in Russland speist, gewiss verlockend auf: die abwechslungsreichen *Sakuski* (Vorspeisen) und die Vielzahl an *Sup* (Suppen) – süß oder sauer, heiß oder kalt.

Frisches Obst ist vor allem auf dem freien Markt der Bauern gut

Das klassische Menü in einem gehobenen Restaurant besteht aus Vorspeise, Suppe, Hauptgericht und Dessert. Im Vergleich zu manchen westeuropäischen oder asiatischen Küchen nehmen sich vier Gänge eher bescheiden aus, aber sie haben es in sich. Das beginnt schon mit der *Sakuska.* Kaviar, Lachs und Hering konkurrieren mit den feinsten Salaten aus Schinken, Zunge und Würstchen, mit Pasteten oder Fleisch- und Fischbällchen, mit Gurken, Tomaten und Knoblauch, frisch oder mariniert. Fast jeder Neuling langt bei der *Sakuska* so kräftig zu, dass für die kommenden drei Gänge nur noch wenig Platz bleibt.

Auch bei den Suppen sind der Phantasie keine Grenzen gesetzt. Richtig abgestimmt, passt so ziemlich alles in den Suppentopf: Gemüse und Pilze, Fleisch und Fisch, Essig, Salz und Zucker, Graupen und Nudeln. Kalte Suppen haben neben heißen einen gleichberechtigten Platz.

Doch warum sollte man nicht nach weniger Bekanntem greifen, zum Beispiel *Schtschi*, der Seniorin unter den Suppen? Seit über hundert Jahren kommt sie zu jeder Jahreszeit auf den Tisch. Hauptbestandteil ist frischer oder gesäuerter Weißkohl, verfeinert durch Sauerampfer, Brennnesseln, grüne Äpfel, Pilze sowie verschiedene Kräuter und Gewürze. Die kräftige Brühe liefern Rind- oder Schweinefleisch.

Oder wählen Sie die *Ucha*, eine heiße Suppe aus zwei bis vier Arten Fisch, mit wenig Gemüse, dafür aber vielen Kräutern und Gewürzen wie Dill, schwarzem Pfeffer, Lorbeer und Estragon. An heißen Tagen ist die kalte *Okroschka* aus *Kwas*, einer gesäuerten Flüssigkeit aus Brot, mit Gemüse, Fleisch- oder Fischeinlagen eine erfrischende Empfehlung. Den rechten Pfiff erreichen alle Suppen erst durch *Smetana*, eine sämige, saure Sahne.

Die Hauptgerichte sind dagegen beinahe weniger interessant. Es gibt reichlich Innereien, Kochfleisch und Geflügel – *Stroganoff* etwa, geschnetzeltes Fleisch mit Zwiebeln und Pilzen. Wer glaubt, mit *Kotleta* das bekannte Kotelett gefunden zu haben, wird feststellen, dass sich dahinter Hackfleisch (Bulette) verbirgt. Für den ausgefallenen Geschmack, aber auch für den größeren Geldbeutel, bieten sich Gerichte aus Forelle, Zander, Karpfen oder Wild an.

Die Kartoffel als Beilage spielt kaum eine Rolle. Konkurrenz machen ihr russische *Bliny* – goldgelb gebackene Hefepfannkuchen –, sibirische *Pelmeni* – Teigtaschen mit variantenreicher Füllung –, der Graupenbrei *Kascha* oder Brot. Zum Nachtisch wird häufig Tee mit *Warenje* gereicht, einer dünnflüssigen Marmelade aus Fruchtstückchen, oder auch Kaffee zu Torte und Keks. Sehr erfrischend ist *Kisel*, ein sämiger Fruchtsaft, der mit Kartoffelmehl angedickt ist.

Trinken

Die Palette der russischen Nationalgetränke ist so reichhaltig wie die Vegetation des Landes. Eines hat sich über alle Zeit- und Klimazonen hinweg durchgesetzt: der Tee. Damit jeder ihn in der gewünschten Stärke zubereiten kann, kommt ein Sud auf den Tisch und das heiße Wasser dazu aus dem Samowar. Veredelt wird mit Zucker, Zitrone oder *Warenje*. Frucht- oder Gemüsesäfte sind oft trüb, dickflüssig und ziemlich süß. Dagegen löscht *Kwas* hervorragend den Durst – ein Gebräu aus Schwarzbrot und Rosinen. Im Sommer wird das gewöhnungsbedürftige Getränk häufig auf der Straße angeboten. Zum Essen gehört Mineralwasser oder eine Karaffe mit Wasser. *Wodka,* hundertgrammweise ausgeschenkt, sollte vor allem bei der *Sakuska* nicht fehlen. Übrigens, bei aller Trinkfreudigkeit, die man den Russen nachsagt: Pur wird Hochprozentiges nicht getrunken, ein Imbiss muss immer dabei sein, und sei es nur ein Stück Brot. Wein und Weinbrand stammen häufig aus Georgien und Armenien.

Zu festlichen Anlässen gehört unbedingt eine Flasche Sekt. Beliebt ist der von der Krim mit leichtem Muskatgeschmack. Die Russen mögen ihn süß, aber auch halbtrocken, trocken oder besonders herb als *Brjut* kann man ihn bekommen – falls vorhanden. Doch das gilt für Speisen und Getränke gleichermaßen.

Hauptregel: Gewusst wo

Matrjoschkas und Lenin-Büsten sind keine Mangelware. Doch nicht alles ist seinen Preis wert

Wer nach Russland reist, kommt nicht zum Shopping. Aber das ist wohl auch allen Neulingen unter den Russlandreisenden klar. Dort, wo über Jahrzehnte Mangelwirtschaft herrschte, kann man heute kein Einkaufsparadies erwarten. Allzu lange blieb Frust beim Einkauf für Einheimische wie für Touristen vorherrschend. Für die Russen gab es Zeiten, in denen Schlangen vor den Läden zur Tagesordnung gehörten. Ob man 1 kg Mehl oder eine Fellmütze wollte – man musste anstehen, und niemand konnte sagen, ob man zum Schluss auch erfolgreich sein würde.

Die dicht gedrängten Menschenknäuel vor den Läden, an den Ständen sind heute verschwunden, nur dort, wo ein günstiges Angebot winkt, sammeln sich in aller Eile die Russen wieder – nach altem Muster, in bekannter Tradition. Manchmal reiht man sich in eine Schlange ein, ohne zu wissen, was es gibt. Dann fragt man erst einmal *sa tschem* (wonach?) und entscheidet nach der Antwort, ob man ein Paar neue Schuhe oder einen importierten Regenschirm braucht. Nie geht auch heute noch der einfache Russe ohne Beutel aus dem Haus, man ist gerüstet für alle Fälle.

Allein in Moskau und St. Petersburg finden Touristen genügend Möglichkeiten, das Angebot in den Läden, kleinen Geschäften und Boutiquen zu prüfen. Vor allem westliche Importe werden vorgestellt, Markenware zu horrenden Preisen. Hier kauft kein Tourist ein, es sind die »neuen«, die neureichen Russen, die sich hier bedienen.

Für die Mehrzahl der Geschäfte gilt die alte russische Regel: einkaufen am besten zu dritt. Jemand wählt die Ware aus, ein anderer stellt sich derweil in die Schlange an der Kasse, der dritte in die Schlange bei der Ausgabe.

Ein Schnäppchen glauben zuweilen Reisende bei Schwarzhändlern machen zu können. Fellmützen, Kaviar, Lackkästchen, T-Shirts, Armbanduhren und Militaria sind das übliche Angebot. Nicht immer sind die Offerten unschlagbar, auch wenn der Händler Stein und Bein schwört. Vorsicht bei Straßenhändlern: Viel Tinnef ist dabei.

Die klassischen Matrjoschkas gibt es auch in der Politikerversion

Matrjoschkas

Das Andenken aus Russland ist nicht etwa der hochprozentige heimische Wodka, den es in zahlreichen Varianten gibt, sondern Matrjoschkas. Je mehr dieser bunt bemalten Schachtelpüppchen ineinander stecken, umso kostbarer sind sie. Glasnost hat möglich gemacht, dass es Matrjoschkas heute auch in der Politikerversion – außen Gorbatschow und innen Jelzin und andere Politiker – gibt. Sie sind selten unter 10 Euro zu bekommen, und über Geschmack lässt sich auch hier nicht streiten.

Kunstvoll Bemaltes

Auch bei den Lackmalereien aus *Palech* sollte man genau hinsehen. Die echten sind ihren hohen Preis allerdings wert. Die handsignierten Stücke können schon einmal 1500 Euro kosten. Billiger und sicherer ist, sie gleich dort zu kaufen, wo sie hergestellt werden, in den Städten am Goldenen Ring. Preiswerter sind die Schalen, Becher und Löffel aus bemaltem Holz in Gold, Rot und Schwarz, die ebenfalls zahlreich in Souvenirläden angeboten werden.

Warmes Tuch und Bernstein

Eine große Auswahl gibt es an typischen Textilien aus Pavlovskij-Posad-Tuch, so benannt nach ihrem Herkunftsort. Sie sind preiswert und daneben ein nützliches Mitbringsel. In vielen Geschäften gibt es zuweilen Wolldecken, die aus Nachbarländern stammen und für die sich selten Ausländer interessieren. Zu Unrecht, denn oft sind die Muster ansprechend, die Qualität gut und die Preise bestechend. Bernstein aus dem Baltikum oder aus dem Gebiet Kaliningrad gibt es in Geschäften für Kunsthandwerk. Dort kann ein Ring oder Halsschmuck den gleichen Rubel-Preis kosten, den Sie in Hotelboutiquen in Dollar hinlegen müssen.

Musik

Für Musikinteressierte sind Schallplatten und CDs (oft Raubkopien) eine Empfehlung. In *Melodja*-Geschäften, aber zuweilen auch in Kaufhäusern, finden Sie Platten und CDs mit Klassik, russischer Folklore, Rock und Pop zu unschlagbaren Preisen. Für eine Leerkassette dagegen muss man ein Vielfaches des Schallplattenpreises auf den Tisch legen. Doch wer sich Kassetten gleich mitbringt, kann sich für ein paar Rubel in den *Svuko-sapis* – kleinen »Straßenstudios« – Musik nach eigener Wahl kopieren lassen, wenn vorhanden.

Originelle Souvenirs

Mützen aus Kunstfell sind selten billiger als solche aus Kaninchenfell, rund 15 Euro, ein Bruchteil dessen in staatlichen Läden. Bei anderen Fellen ist die Preisskala nach oben offen. Nostalgiker und Sammler finden in *Plakaty*-Geschäften Poster aus der alten Zeit der Sowjetunion, aber auch politische Plakate jüngsten Datums. Während die überdimensionalen Lenin-Statuen in vielen Städten verschwinden, sind Miniaturbüsten in vielerlei Ausführungen noch allenthalben zum Schleuderpreis zu bekommen.

Die goldene Shopping-Regel: Wenn Sie etwas unbedingt haben möchten, kaufen Sie's! Warten Sie nicht auf bessere Gelegenheiten, es könnte keine geben.

Feuerwerk und Folklore

Ostern (Pascha) ist der wichtigste religiöse Feiertag

Bis zur Revolution 1917 galten kirchliche Feiertage auch als staatliche. Denn der Zar war Oberhaupt von Staat und Kirche. Später gab es offiziell nur noch staatliche Feiertage, die sich über die Jahrzehnte allerdings mehrfach änderten.

Seit der staatlichen Neukonstituierung sind die Festtage neu geregelt. Neben den offiziellen Feiertagen gibt es kirchlich-orthodoxe, wobei sie nicht immer streng voneinander getrennt sind. Alle großen Feste fallen übrigens in die kalte Jahreszeit.

Die Russen feiern gern und ausgiebig. Schon Wochen vorher bereiten sie sich darauf vor: Fleisch, Wurst und Käse werden besorgt; eingelegte Gurken, Knoblauch und Pilze vom freien Markt *(Rynok)* herangeschafft – und reichlich Alkohol, russischer Sekt und Wodka. Mit Freunden sitzt man dann abends zusammen, isst und trinkt und redet und redet, trinkt und isst. Eine Prozedur, die sich bis in die Morgenstunden hinziehen kann.

Das Neujahrsfest wird vom 31. Dezember auf den 1. Januar begangen. »Väterchen Frost« *(ded maros)* und »Schneeflöckchen« *(snegurotschka)* werden begrüßt, und unter dem Tannenbaum *(Jolka)*, mit blinkenden Elektrogirlanden, Lametta und Plastikkugeln geschmückt, tauscht man kleine Geschenke aus.

Den Höhepunkt vieler Feiertage bildet in den Großstädten meist ein Feuerwerk *(Feierwerk)*, das oft stundenlang dauert, wobei die Böller und Leuchtraketen mit lautem Jubel begleitet werden.

Über 70 Jahre war die Religion nur zögerlich geduldet. Seit 1990 darf der Glaube auch wieder öffentlich gelebt werden

OFFIZIELLE FEIERTAGE

1./2. Januar *Neujahrstage*
7. Januar *Weihnachten*
8. März *Internationaler Frauentag*
1./2. Mai *Tag der Arbeit und Frühlingsfeiertag*
9. Mai *Tag des Sieges*
12. Juni *Tag der Souveränitätserklärung der Russischen Föderation*
12. Dezember *Tag der russischen Verfassung*

MARCO POLO TIPPS FÜR FESTE

1 Russischer Winter
Höhepunkt der russischen Konzert- und Theatersaison, Folklore pur in vielen Städten des Landes (Seite 28)

2 Osterfest
Besuchen Sie eine Kathedrale, und genießen Sie den imposanten Gesang des Chores (Seite 28)

Aus alter Gewohnheit werden auch der *Tag der Roten Armee* (23. Februar) und der *Jahrestag der Oktoberrevolution* (7. November) feierlich begangen.

RELIGIÖSE FEIERTAGE

Die russisch-orthodoxe Kirche ist die größte Religionsgemeinschaft des Landes. Ihre wichtigsten Feste sind Weihnachten am 7. Januar und Ostern. Für die Kirche gilt nach wie vor der an dem reinen Sonnenjahr orientierte Julianische Kalender. Daraus erklären sich zeitliche Unterschiede.

Ostern

★ Das christliche Fest *(Pascha)* im März/April (Datum schwankt) ist der wichtigste und höchste Feiertag. Ab acht Uhr morgens und wieder ab sechs Uhr abends besuchen die Gläubigen Gottesdienste, zwischendurch gehen die Familien auf die Friedhöfe und bringen Eier, *Kascha* (Grütze) und ein Stück Brot zu den Gräbern. Manche stellen noch ein Gläschen Wodka hinzu.

BESONDERE VERANSTALTUNGEN

25. Dezember–5. Januar

★ *Russischer Winter:* In dieser Zeit findet ein Kunst- und Folklorefest in vielen Orten des Landes statt. Für die Theater sind diese Tage Höhepunkte ihrer Arbeit. Dann werden die besten Inszenierungen vorgestellt, in den Konzertsälen gibt sich die Creme des Gesangs und der Musik ein Stelldichein. Die Festtage im Freien haben ihren besonderen Reiz. Manchmal haben Besucher das Glück und können sich auf einem dreispännigen Schlitten – *Troijka* – zu den Auftrittsorten der Volkschöre fahren lassen, die altrussische Weisen anstimmen.

Treffpunkt Grenzpfahl

Am ersten Sonntag im Februar ist ein Grenzpfahl an der Trennlinie zwischen Europa und Asien Treffpunkt ungezählter Wanderfreunde. Rund 40 Kilometer von Jekaterinburg – ehemals Sverdlovsk –, an der Kreuzung zahlreicher Wanderwege, werden Wald und Flur zum Festplatz. Besucher aus allen Gegenden Russlands treffen sich hier, tauschen kleine Geschenke und Abzeichen aus, knüpfen Bekanntschaften. Höhepunkt des Tages ist eine gemeinsame Skiwanderung durch das winterliche Uralgebirge.

Es werden Pfannkuchen, das Honigbier *Medovucha* und andere Köstlichkeiten gereicht.

März

Festival des Nordens: In der letzten März-Woche finden in Murmansk und Umgebung zahlreiche Veranstaltungen statt, in deren Mittelpunkt Rentierrennen und ein Skimarathon stehen.

Ende Februar/Anfang März

Austreibung des Winters in vielen Orten zwischen Petersburg und Murmansk – mit Skimarathon, Schlittenrennen der *Troijka*-Gespanne und Freudenfeuern.

Juni

Puschkin-Festival: Am ersten Wochenende findet auf dem ehemaligen Anwesen *Michailovskoje* der Familie Puschkin ein Fest zu Ehren des Dichters statt. Auf das Gut war Alexander Puschkin 1824 verbannt worden. So geriet er nicht in den Verdacht, wegen seiner Sympathien in den Dekabristenaufstand verwickelt zu sein.
Sabantui: Bei Kazan an der Wolga finden Ende Juni diese traditionellen Ringerwettkämpfe der Tataren statt. Seit Jahrhunderten erhält der Sieger als Prämie einen lebenden Hammel. Der Wettbewerb endet mit wagemutigen Reiterspielen.

Juli

Poesiefest von Karabicha: Auf dem Landsitz des russischen Dichters Nekrassow bei Jaroslavl findet jeweils am zweiten Samstag im Juli ein Dichterfest unter freiem Himmel statt. Dabei wird aus den Werken Nekrassows gelesen, Poeten tragen mit viel Pathos eigene Arbeiten vor.

August

Jaroslavskije Zori: Am 1. August gibt es das traditionelle Festival klassischer Musik in der Philharmonie von Jaroslavl, an dem auch ausländische Künstler teilnehmen.

September

Herbst in Soči: Das Musikfestival Mitte September an der Schwarzmeerküste findet zur Traubenernte statt. Hier, in dem beliebtesten Kurort Russlands, treten dann Sänger und Tänzer aus allen Teilen des Landes auf.

Das Theater von Soči ist Zentrum des Kulturherbstes

EIN KURZBESUCH

☛ Stadtplan in der hinteren Umschlagklappe

(**124/B–C5**) Schon beim Anflug auf den Flughafen Scheremetjevo entdeckt der Tourist aus den ovalen Fensterchen rege Bautätigkeit im Speckgürtel von Moskau: Hübsche Landhäuser aus Holz mit kleinen verzierten Türmchen und prächtige, mitunter auch protzige Vorstadtvillen aus rotem Klinker wachsen hier empor – Ausdruck des neuen Wirtschaftsbooms, von dem vor allem die Neuen Russen, die *businesmeny*, profitieren. Auch auf dem Weg per Taxi ins Zentrum präsentiert sich *Moskva* neu eingerichtet, links und rechts der breiten Boulevards funkelnde Reklame, endlose Autoschlangen mit Fahrzeugen der bekannten Typen aus Japan, den USA und Westeuropa. Glitzer und Glimmer in der City. Moskau mausert sich mehr und mehr zu einer Weltstadt modernen Zuschnitts – mit allen Vor- und Nachteilen einer Großstadt. Moskau wird das »Herz des heiligen Russlands« genannt und »die russischste aller russischen Städte«. Tatsächlich spiegelt das Leben der Metropole zugleich das Leben des Landes wider. Abseits vom neuen Glanz bleibt auch dem Touristen die neue Armut nicht verborgen. Die Neun-Millionen-Stadt kann auf eine 850-jährige Geschichte und eine Vielzahl von Sehenswürdigkeiten verweisen.

BESICHTIGUNGEN

Kreml (**U/C–D 3–4**)
Mit dem Bau der alten Festungsanlage begann die Stadtgeschichte Moskaus (Mitte des 12. Jhs.). Die Besichtigung der alten Zarenburg ist ein Muss für jeden Touristen. Eingang durch den Borowitzki-Turm. Wichtigste Sehenswürdigkeiten: *Mariä-Himmelfahrts-Kathedrale (Uspenski Sabor),* Krönungskirche der Zaren, 1475 bis 1479 erbaut, wertvolle Ikonen und Fresken; *Mariä-Verkündungs-Kathedrale (Blagowestschenskij Sabor),* zaristische Hofkirche mit Wandmalereien von 1508; in der *Erzengel-Michael-Kathedrale (Archangelski Sabor)* sind 46 Grabstätten von Zaren und ihren Verwandten untergebracht; die *Rüstkammer* gilt als eine der größten Schatzkammern der Welt, hier werden Zarenschatz und Krönungsinsignien (darunter die berühmte Monomach-Krone) sowie historische Waffen, Gewänder, Ikonen und Handschriften aufbewahrt. *Tgl. 10–17 Uhr*

Roter Platz (**U/C–D 3**)
Dieser ehemalige Marktplatz ist das geschichtsträchtige Zentrum Moskaus. Das *Historische Museum* am Nordende beging 1993 sein hundertjähriges Bestehen. Am gegenüberliegenden Ende erhebt sich die orientalisch anmutende *Basilius-Kathedrale,* die Ivan IV. zur Mitte des 16. Jhs. erbauen ließ. Vom *Kaufhaus Gum* aus blickt man auf das von einer Ehrenwache gehütete *Lenin-Mausoleum* aus rotem und schwarzem Granit und die darüber liegende *Ehrentribüne,* von der in der Vergangenheit die Staatsprominenz Paraden abnahm. *Metro: Biblioteka Imeni Lenina*

MUSEEN

Andrej-Rubljov-Museum (**U/F 3**)
Das im 15. Jh. errichtete Andronikov-Kloster beherbergt Kopien

der Arbeiten des Mönchs Rubljov (1360–1430), der als einer der bedeutendsten Ikonenmaler seiner Zeit gilt. *Tgl. 11–18 Uhr, außer Mi, Pl. Prjamikova 10, Metro: Kurskaja*

Tretjakov-Galerie **(U/C 5)**
Die größte Sammlung russischer Kunst, die heute fast 50 000 Exponate umfasst, geht auf zwei Kaufleute, die Brüder Pavel und Sergej Tretjakov, zurück, die sich im 19. Jh. als Kunstmäzene einen Namen machten. Ein Besuch dieses spektakulären Museums sollte jeder Tourist mit einplanen. Hier finden sich auch die Originale der Arbeiten Andrej Rubljovs neben Ikonen aus dem frühen Mittelalter und russischer Malerei aus dem 18. Jh. bis in die Neuzeit. Rubljovs Ikone »Heilige Dreifaltigkeit« gilt als das herausragende Werk der Ikonenmalerei. Das Bildnis stammt aus dem Dreifaltigkeit-Sergius-Kloster in Sergiev Posad. *Tgl. 10 bis 19,30 Uhr, Metro Tretjakovskaja*

RESTAURANTS

Rylejeva **(U/B 4)**
Gediegene künstlerische Innenausstattung, reichhaltiges Angebot an russischen Speisen und Getränken. Abends erwartet den Gast Musik von Folklore bis Pop. *Ul. Rylejeva 9/5, Tel. 095/ 291 60 63*

Slavianskij Basar **(U/D 3)**
Wird seinem Namen mit quirliger Atmosphäre gerecht. Hier gibt es auch die typischen russischen *Sakuski* (Vorspeisen). Das Lokal liegt in der Nähe des Roten Platzes. *Ul. Varvarka 13, Tel. 095/291 60 63*

EINKAUFEN

Arbat **(U/A–B 3–4)**
In diesem ehemaligen Adelsviertel liegt die einzige Fußgängerzone der Stadt. Hier geben sich Antiquitätenhändler, Getränkeverkäufer, Straßenkünstler, Einheimische und Fremde ein Stelldichein. Man schlendert vorbei an Cafés und Eisdielen, Buch- und Postergeschäften. *Metro: Arbatskaja, Smolenskaja*

Kaufhaus Gum **(U/D 3)**
Das legendäre Kaufhaus am Roten Platz mit seiner beeindruckenden Architektur ist völlig renoviert und bietet japanische Autos, amerikanische Computer, französische Textilien und deutsche Lebensmittel an. Nur wenige Schritte entfernt stehen Menschen dicht gedrängt in langen Schlangen und bieten eigene oder erworbene Habseligkeiten an. *Krasnaja Pl. 3, Metro: Pl. Revolutsii, Ochotny Rjad, Teatralnaja*

HOTELS

Metropol **(U/C–D 3)**
Das im Jugendstil erbaute Hotel ist gründlich renoviert. *400 Zi., Teatralnyi Pr. 1/4, Tel. 095/ 927 60 00, Fax 927 60 10, Metro: Teatralnaja*

Rossija **(U/D 3)**
Vom größten Hotel der Stadt haben Sie Ausblick auf den Kreml und den Roten Platz. 5000 Betten, einfache Ausstattung. *Ul. Varvarka 6, Tel. 095/232 50 00, Fax 232 62 62, Metro: Kitai Gorod*

Alles Wissenswerte über Moskau finden Sie im MARCO POLO Band »Moskau«.

EIN KURZBESUCH

(112/C3) Die »schönste Stadt auf dem Antlitz der Erde« nennt der russisch-amerikanische Dichter Joseph Brodsky (geb. 1940) seine Geburtsstadt. Und der welterfahrene Nobelpreisträger steht mit dieser Meinung nicht allein. In seiner Schönheit, Eleganz und Würde hält Sankt Petersburg, von den Einheimischen liebevoll Pieter genannt, einem Vergleich mit Wien oder Paris stand. Einmalig ist die enge Verbindung zwischen der majestätischen Architektur und dem plätschernden Wasser von Neva und ihren Nebenarmen. Die prächtigen Bauten wie Winterpalast, Börse, Peter-Pauls-Festung, Akademie der Wissenschaften, Smolny-Kloster und Admiralität sind auf zahlreichen trockengelegten Inseln entstanden, weshalb Petersburg auch den Beinamen »Venedig des Nordens« erhielt.

Mit der Gründung 1703 öffnete Zar Peter ein »Fenster zum Westen«, er errichtete nach eigenen Entwürfen eine Stadt zum Vorzeigen in einem rückständigen Land. Es entstand ein Panorama von einzigartiger stilistischer Geschlossenheit. Etwa 3000 Gebäude, Skulpturen und Parks stehen unter Denkmalschutz. Schon heute haben die Stadtväter den 16. Mai 2003 im Auge, denn genau an diesem Tag vor 300 Jahren vollzog Zar Peter den ersten Spatenstich im sumpfigen Delta der Neva.

St. Petersburg zählt knapp 4,7 Mio. Einwohner. Es wurde 1914 in Petrograd umbenannt, hieß nach Lenins Tod im Jahr 1924 Leningrad und trägt seit 1991 wieder seinen alten Namen.

Auf der Höhe von Alaska gelegen, scheint die Sonne mittsommers nicht unterzugehen, und die berühmten »Weißen Nächte« von St. Petersburg ziehen viele einheimische wie ausländische Besucher an.

BESICHTIGUNG

Peter-Pauls-Kathedrale

Die Kirche, die in der gleichnamigen Festung auf einer kleinen Insel an der breitesten Stelle der Neva liegt, war nach 21-jähriger Bauzeit 1733 fertig gestellt worden. Die vergoldete Turmspitze ziert in 122 m Höhe ein Engel. In dem barocken Inneren sind mit wenigen Ausnahmen alle russischen Zaren beigesetzt. *Tgl. 11 bis 18 Uhr, außer Mi und am letzten Di im Monat, Metro: Gorkovskaja, im Lenin-Park*

MUSEEN

Ermitage

Ein Teil dieses Kunstmuseums, das wohl zu den berühmtesten der Erde zählt, ist im Winterpalast untergebracht. Die Gründerin Katharina I., die die Sammlung Peters des Großen durch umfangreiche Käufe in ganz Europa fortsetzte, hatte sich die an den Winterpalast anschließende Kleine Ermitage errichten lassen. Den dritten Komplex bildet die Alte Ermitage.

Schon allein die prächtige Innenausstattung der Säle kann den Besucher tagelang fesseln, die überbordende Fülle an Meisterwerken und Kunstschätzen ist überwältigend. *Tgl. außer Mo 10.30–18 Uhr, Haupteingang an der Flussseite des Winterpalastes, Dvortsovaja Nab. 34*

Russisches Museum

Nach der Tretjakov-Galerie in Moskau findet sich hier die gewiss zweitwichtigste Sammlung russischer Kunst – Ikonen besonders der Novgoroder Schule, Malerei und Plastiken –, die ihren beträchtlichen Umfang nicht zuletzt auch der Übernahme zahlreicher Privatsammlungen nach der Oktoberrevolution verdankt. Das Museum wurde 1895 gegründet und drei Jahre später eröffnet. *Tgl. 10–18 Uhr, außer Di, Ul. Inshenernaja 4/2, Metro: Nevskij Pr.*

RESTAURANTS

Nevski

Livemusik und Tanz bietet das versteckt gelegene Restaurant bis Mitternacht. Die pompöse Aufmachung kann allerdings nicht über die bescheidene Qualität der Speisen hinwegtäuschen. *Nevski Pr. 71, Tel. 812/311 30 93, tgl. 12–24 Uhr*

Tet-a-Tet

Hier wird auf Äußeres geachtet. Dafür gibt es dann aber auch dezente Klaviermusik und gute russische Küche. *Bolschoj Pr. 65, Tel. 812/232 75 48, tgl. 13–23 Uhr*

EINKAUFEN

Märkte

Die acht Märkte der Stadt sind zwölf Stunden täglich geöffnet. Von besonderem Interesse ist der Kusnetschnyi-Markt. Hier ist das Gedränge um frisches Obst und Gemüse, Fleisch und Schnittblumen besonders eng, für viele Petersburger dennoch seltene Genüsse. *Kusnetschni Per. 3, tgl. 8–12, So 8–16 Uhr, Metro: Vladimirskaja*

HOTELS

Grand Hotel Europe

Das beste und älteste Hotel der alten Zarenstadt am Nevski Prospekt, 1875 gebaut, 1992 auf Fünfsterneniveau gebracht, wird heute von Kempinski geführt. Küche der europäischen Spitzenklasse, 7 Restaurants und Bars, Nachtclub. *301 Zi., Ul. Michailowskaja 1/7, Tel. 812/329 60 00, Fax 329 60 01*

Moskva

Kleine, aber modern eingerichtete Räume. Es gibt mehrere Restaurants, im zweiten Stock befindet sich eine Bar. *770 Zi., Pl. Alexandra Nevskowo 2, Tel. 812/274 30 01, 274 00 22, Fax 274 21 30*

St. Petersburg

Das ehemalige Leningrad-Hotel bietet von der ersten Etage aus einen faszinierenden Blick über den Fluss Neva auf die Ermitage. *411 Zi., Pirogovskaja Nab. 5/2, Tel. 812/542 94 11, Fax 248 80 02*

AM ABEND

St. Petersburg gilt als die russische Rockmetropole und ist die Heimat zahlreicher auch im Westen bekannt gewordener Gruppen wie Akvarium, Alisa oder Kino. Viele neue Gruppen haben inzwischen die Szene drastisch verjüngt. Auftrittsorte sind vor allem der *Lenin Sport-Konzert-Komplex, Pr. Jurija Gagarina 8, Metro: Park Pobedy* oder der *Kirov Kultur-Palast, Bolschoj Pr. 83.*

Alles Wissenswerte über die Stadt St. Petersburg finden Sie im MARCO POLO Band »St. Petersburg«.

In die Schatzkammer der Russen

Beim Besuch der alten Städte erschließt sich die Seele Russlands

Ausgangs- und Endpunkt einer 719 km langen Reise durch die Städte des alten Russlands ist Moskau (russ. Moskva). Entlang des Goldenen Rings scheinen die Perlen russischer Architektur und Kunst wie zu einem Schmuckstück aufgereiht. Die Bezeichnung wurde etwa Ende des 19. Jhs. geprägt.

Hier ist die russische Kultur von alters her verwurzelt. Stadtmauern, Festungsgräben, Kirchen aus weißem Gestein, Meisterwerke der Holzbaukunst sind ebenso gut erhalten wie Fresken und Ikonen in den Kathedralen und Museen. Viele Stadtkerne stehen heute unter Denkmalschutz. Besonders reizvoll ist ein Besuch im Spätsommer oder zur Winterzeit.

IVANOVO

(125/F 2–3) Die heutige Industriestadt (487 000 Ew.) ist die jüngste auf dem Goldenen Ring und ist noch nicht sehr auf Touristenbesuche eingestellt. Um die Wende zum 20. Jh. war das »russische Manchester« ein Zentrum der Arbeiterbewegung.

Archäologische Ausgrabungen in der Region haben ergeben, dass bereits im 2. Jh. v. Chr. finnisch-ugrische Stämme hier gelebt haben. Ivanovo wird erstmals 1561 erwähnt, 1871 erhielt die Ansiedlung Stadtrechte.

Eng verbunden ist die Entwicklung der Stadt mit der Textilproduktion, vor allem mit der Verarbeitung von Baumwolle. 1742 war hier die erste Weberei eröffnet worden. Aber auch russisches Leinen aus Ivanovo war bei englischen Kaufleuten begehrt, und bedruckte Stoffe aus der hiesigen Manufaktur genossen lange Weltruf.

Die Mariä-Himmelfahrts-Kathedrale ist das Wahrzeichen von Vladimir

BESICHTIGUNG

Scheremetjew-Haus
Graf Scheremetjew, nach dem der internationale Flughafen Moskaus benannt ist, war einst Eigentümer der Ortschaft. Zu Beginn des 19. Jhs. errichtete er hier ein repräsentatives Anwesen

im Stil des Spätklassizismus. *Ul. Krutizkaja 33, Di–Sa 10–18 Uhr*

MUSEEN

Haus des 1. Sowjet

Das Museum erzählt von den Traditionen der Arbeiter und Ereignissen wie dem 72 Tage dauernden Streik im Jahr 1905 und der Niederschlagung durch die zaristische Polizei. *Ul. Lenina 27, tgl. 10–18 Uhr, außer Mo*

Heimatmuseum

Eine kenntnisreich präsentierte Sammlung bedruckter Stoffe und Stickereien belegt die Kunstfertigkeit der einst vor allem in Ivanovo ansässigen Weber, Färber und Sticker. *Ul. Baturina 6/40, tgl. 11–18 Uhr, außer Mo*

HOTELS

Tourist

1983 gebaut, Restaurant mit russischer und europäischer Küche, Café, Sauna, Bar, Pool. *170 Zi., Ul. Nabreshnaja 9, Tel. 0932/37 64 36*

Zentralnaja

Renoviertes Haus, riesiges Restaurant, abends geht es laut her, russische Folklore. *179 Zi., Pr. Engelsa 1/25, Tel. 0932/41 36 11*

Hotels und Restaurants

Wer Russland besuchen will, bucht in der Regel eine Pauschalreise. Für den Individualtourismus ist das Land noch nicht geeignet. Die tief greifenden gesellschaftlichen Veränderungen betreffen auch den Tourismus. Was heute gilt, ist morgen schon überholt. Die Instabilität des Rubels lässt keine verlässlichen Preisangaben zu. Hotels geben oft keine Informationen über Ausstattung, Zimmerzahl und Telefonnummern. So mussten in diesem Reiseführer leider ein paar Lücken bleiben. Wir haben außerdem darauf verzichtet, die Hotels und Restaurants zu kategorisieren:

Hotelpreise

Außerhalb Moskaus und St. Petersburgs gibt es mit wenigen Ausnahmen nur Hotels der Mittelklasse, die westlichem Standard entsprechen:
ca. 90–150 Euro für ein Doppelzimmer, 70–90 Euro für ein Einzelzimmer.

Restaurantpreise

Wo Rubel-Preise gelten, sollte man für zwei Personen umgerechnet 15–20 Euro für ein Essen veranschlagen. Restaurants entstehen mehr und mehr in Russland. Aber auch die meisten Hotels verfügen über ein eigenes Restaurant.

Wichtige Abkürzungen

Bl.	Bulvar (Boulevard)	**Pl.**	Ploschtschadj (Platz)
Nab.	Nabereschnaja (Uferstr.)	**Pr.**	Prospekt (Allee)
		Sch.	Schosse (Chaussee)
Per.	Pereulok (Weg)	**Ul.**	Uliza (Straße)

MARCO POLO TIPPS FÜR DEN GOLDENEN RING

1 **Christi-Verklärungs-Kloster in Jaroslavl**
Einst reichste und bestgeschützte Klosteranlage (Seite 38)

2 **Suzdal**
Der denkmalgeschützte Ort ist ein einziges Museum mit vielen schönen Holzhäuschen (Seite 44)

3 **Sergiev Posad**
Ein Zentrum der russisch-orthodoxen Kirche (Seite 43)

4 **Mariä-Himmelfahrts-Kathedrale in Vladimir**
In der Kathedrale wurden Großfürsten gekrönt. Hier trifft man viele Gläubige (Seite 47)

ZIEL IN DER UMGEBUNG

Palech **(125/F 3)**
Ein Besuch in der Siedlung Palech, 63 km östlich von Ivanovo, macht Sie mit einem weithin berühmten Zentrum der Lackmalerei auf Pappmaché bekannt. Einst arbeiteten in den farbigen Holzhäuschen Ikonenmaler, die diese Maltechnik entwickelt hatten. Das *Museum für Lackminiaturen, Ul. Baklanova 50,* gibt einen guten Überblick über diese Kunstform. Ein *Hausmuseum des Begründers der modernen Palecher Miniaturmalerei,* Iwan Golikow (1887–1937), liegt in der *Ul. Lenina 2.* Die kleine Gaststätte *Palech* haben Künstler des Ortes mit heimatlichen Motiven bemalt. Der viel besuchte Ort ist so winzig, dass man geradezu in die gleichnamige Gaststätte fällt.

JAROSLAVL

(125/D–E 1–2) Besonders wegen der imposanten Kaufmannskirchen und des sehr schön restaurierten alten Stadtkerns ist Jaroslavl (636 000 Ew.) eine Empfehlung. Nach der Legende soll Fürst Jaroslav Mudry – der Weise – aus Kijev sich im Jahr 1010 mit einem übermächtigen Bären angelegt und ihn mit der Streitaxt getötet haben. So trägt die erste Stadt an der Wolga noch heute den Bären in ihrem Wappen.

Bereits im 16. Jh. besaßen Engländer in Jaroslavl ein Warenhaus mit Stoffen, Zucker, Gewürzen und Waffen. Im 17. Jh. wuchs die Stadt zum wichtigsten Zentrum neben Moskau und war ein Knotenpunkt bedeutender Handelswege. Kein Wunder, dass die Moskowiter den Ort förderten, zeitweilig war Jaroslavl gar Hauptstadt Russlands. Die reiche Kaufmannsgilde stellte viel Geld zum Bau monumentaler Steinkirchen zur Verfügung, um den Glanz der Stadt zu mehren. Im 17. Jh. wurden so über 30 Kirchen errichtet, von denen viele erhalten sind. Die Gotteshäuser und die Kaufmannsvillen künden von der letzten Blütezeit der altrussischen Baukultur.

Im 18. Jh. verlor die Stadt ihre Bedeutung, weil Zar Peter I. St. Petersburg ausbaute. So konzentrierte sich die Stadt auf die Entwicklung des Binnenhandels und schuf eine starke Manufaktur: Webereien, Gerbereien und Waffenproduktion. 1792 lebten über 18 000 Einwohner in Jaroslavl, es gab fast so viele Leibeigene wie Kaufleute. In der zweiten Hälfte des 19. Jhs. war die Bevölkerung bereits auf 100 000 Menschen angewachsen. Die Stadt zählte zu den am weitesten entwickelten Städten des damaligen Europa. Ausdruck dieser blühenden wirtschaftlichen Verhältnisse war die Gründung des ersten russischen Berufstheaters im Jahr 1750 und die Herausgabe der ersten russischen Provinzzeitschrift 1786.

BESICHTIGUNGEN

Befestigungsanlagen

Einige Reste der alten Stadtmauer sind im Zentrum noch erhalten. Zwei Türme sind übrig geblieben, der *Arsenalturm* an der Uferstraße der Wolga und der *Snamenskaja-Turm* nahe dem Hotel Jaroslavl. Zu Zeiten von Zar Peter I. der Große (Ende des 17., Anfang des 18. Jhs.) wurde hier eine Sondersteuer von Reisenden erhoben, die einen Bart trugen.

Christi-Verklärungs-Kloster

★ Das Kloster ist im 12. Jh. am Ufer des Flusses Kotorosl, eines Seitenarms der Wolga, errichtet worden und galt im 15. Jh. als eines der reichsten Klöster und als eine der bestgeschützten Anlagen Russlands. 3 m dicke und teils 10 m hohe Mauern mit Wachtürmen und vielen Schießscharten umgeben den Komplex. Durch die Haupteinfahrt des Heiligen Tores – vom Podbelski-Platz – gelangt man in den Paradehof und steht vor der Kathedrale, dem Refektorium mit den Gebäuden des Abtes, der Kreuzkirche und den Mönchszellen.

Im Zentrum erhebt sich die älteste Kirche der Anlage, die *Christi-Verklärungs-Kathedrale*, 1506–16 an eben der Stelle errichtet, an der einst eine Holzkirche aus dem 12. Jh. stand, die von marodierenden Mongolen niedergebrannt worden war.

Die Kathedrale ist reich an gut erhaltenen Fresken aus dem 16. Jh., gemalt von Moskauer und Jaroslavler Meistern. Im nördlichen Anbau, dem Nebenaltar, sind Handschriften und Bücher gesammelt. Hier fand

Lied von der Heerfahrt Igors

Das Igor-Lied aus dem 12. Jh. erzählt in epischer Breite und kunstvoller Form vom Feldzug des Novgoroder-Seversker Fürsten Igor Svatoslavitsch und seiner Verbündeten gegen die Steppennomaden (Polowzer) im Jahr 1185. Zunächst war das russische Heer siegreich. Als aber die Kriegerschar schutzlos in der Steppe lagerte, wurde sie von den Polowzern eingekreist und in einem ungleichen Kampf geschlagen. Der Fürst wurde gefangen genommen, die Polowzer brachten Not und Elend über das Land. Schließlich konnte Fürst Igor aus der Gefangenschaft fliehen und kehrte nach Russland zurück. Das Lied beschreibt seine Liebe zu Freiheit, Volk und Tapferkeit, es ruft die Fürsten zum gemeinsamen Kampf gegen den Feind auf.

man Ende des 18. Jhs. eine Abschrift des *Liedes von der Heerfahrt Igors.* Dem Lied aus dem 12. Jh. ist eine Reihe von Exponaten gewidmet, die in eisenbeschlagenen Kästen und Truhen, in Schränken und zwischen Bücherstützen untergebracht sind, wie sie vor über 200 Jahren geschaffen wurden.

Vom *Glockenturm* aus dem 16. Jh. können Sie das herrliche Panorama der Stadt genießen. Erwähnenswert ist die Ausstellung »Russische und holländische Glocken des 16.–19. Jhs.«. *Pl. Podbelskovo 25, tgl. 10–18 Uhr*

Epiphanias-Kirche

Eines der letzten großen Bauwerke des mittelalterlichen Jaroslavl. Fünf Kuppeln krönen das Gebäude, das reich mit glasierten Keramikkacheln verziert ist. *Pl. Podbelskovo*

Johannes-Chrysostomos-Kirche

Hier treffen Sie auf ein Kleinod russischer Architektur. Die Kirche, einst vor den Toren der Stadt gelegen, ist der Kirche der Gottesmutter von Vladimir benachbart. Zu dem beeindruckenden Komplex gehören das Heilige Tor, ein Glockenturm und mehrere kleine Sakralbauten. *Nach etwa 1,5 km auf dem Moskovskij Prospekt südlich über den Kotorosl-Fluss, Ansiedlung Korovniki*

Johannes-der-Täufer-Kirche

Dieses Gotteshaus gilt als das größte und formenreichste von Jaroslavl. Die 15 Kuppeln sind in der russischen Architektur ohne Beispiel. Die Wandmalereien im Inneren beeindrucken durch ihre Größe. *In der früheren Gerbersiedlung Toltschkovo an der Kotorosl-Uferpromenade*

Die glasierten Keramikkacheln, Fayencen, verzieren auch die Epiphanias- und die Johannes-Chrysostomos-Kirche in Jaroslavl

MUSEEN

Kunstmuseum

Im Haus des ehemaligen Gouverneurs befindet sich eine große Ausstellung russischer Kunst und Malerei: Grafik, Bildhauerei und Möbel. Das Museum spiegelt die Entwicklung der russischen Kunst vom 13. Jh. bis in die Gegenwart. Schwerpunkt ist die weltliche Kunst des 18.–20. Jhs. *Volshkaja Nab. 23, tgl. 10–17 Uhr, außer Mo*

Museum für Altrussische Kunst

Der Metropoliten-Palast, im ältesten Teil der Stadt, *Rubljony Gorod* – Geldstadt –, gelegen, beherbergt eine Sammlung von Ikonen aus dem 13.–17. Jh. *Volshkaja Nab. 1, tgl. 10–17 Uhr, außer Fr*

HOTELS

Jubilejnaja

Einfache, aber angenehme Doppel- und Einzelzimmer; Restaurant mit russischen Spezialitäten. *350 Zi., Kotoroslnaja Nab. 11 a, Tel. 0852/21 87 93, Fax 32 97 86*

Juta
Klein und gemütlich, im Zentrum gelegen. Mit geschmackvollem Interieur und einem Restaurant mit russischer Küche. Bar, Disko. *15 Zi., Ul. Respublikanskaja 79, Tel. 0852/21 39 65*

Kotorosl
Mittelklassehotel, gediegenes Restaurant, gute Küche, Bar, Sauna, Solarium, liegt direkt am gleichnamigen Fluss. *150 Zi., Bolschaja Oktjabrskaja 87, Tel. 0852/ 21 15 81, Fax 21 64 68*

ZIEL IN DER UMGEBUNG

Karabicha-Landsitz **(125/E 2)**
Hier liegt das Haus des Dichters Nikolai Nekrassow (1821 bis 1878). Als Herausgeber der Zeitschrift »Sowremenik« (»Zeitgenosse«) gewann er bedeutende russische Schriftsteller seiner Zeit als Mitarbeiter. Hier schrieb Nekrassow das Versepos »Wer lebt glücklich in Russland?«. Diese Zeilen aus dem Jahr 1863 haben ihre Gültigkeit auch heute nicht verloren: »Schön war der Tag, als uns die Heimat schien befreit vom Fluch der Sklaverei! Ich weinte fast vor Rührung. Doch meine Muse sprach: Erlieg nicht der Verführung, auf Lorbeern auszuruhn. Das Volk, man nennt's jetzt frei, doch bleibt noch viel zu tun, damit es glücklich sei.« *15 km vor Jaroslavl – aus Moskau kommend, tgl. 10–17 Uhr, außer Mo*

KOSTROMA

(125/F 1) Der Ort mit knapp 300 000 Ew. liegt terrassenartig an der hier 500 m breiten Wolga. Kostroma ist heute eine Industriestadt mit Maschinenbau, Flachsspinnerei und Textilproduktion. Das Stadtzentrum ist ein Beispiel des russischen Klassizismus zur Wende des 19. Jhs. Dieser Stil ist gut zu sehen bei Feuerwehrturm, Gerichtsgebäude, Gouvernementsverwaltung, Sitz des Erzbischofs, Haus der Kirchendiener, Kirchen und Handelshäuser. Erstmals wurde Kostroma in einer Chronik 1213 erwähnt. Lange Zeit ein eigenes Fürstentum, schloss es sich später dem Moskauer Fürstentum an.

BESICHTIGUNGEN

Handelsreihen
Die offenen und geschlossenen Gebäude um die Erlöserkirche und den Glockenturm sind Zeugen jahrhundertealter Kaufmannstätigkeit. Die zehn Kaufhäuser zählen zu den größten und besterhaltenen in Russland. Entsprechend ihren Waren tragen sie noch ihre früheren Namen: Große Mehlreihe, Pfefferkuchenreihe, Fischreihe, Tabakreihe, Gemüsereihe. Täglich findet hier ein Markt statt, der eher einem Basar gleicht.

Ipatios-Kloster
Das bedeutendste Bauensemble der Stadt ist das zu Ehren des Märtyrers Ipatios errichtete Kloster, dessen Bau im 13. Jh. begann. Es präsentiert sich heute mit der Dreifaltigkeits-Kathedrale, dem Gockenturm, dem Gebäude der Klosterbruderschaft, der Kerzengießerei und dem Altersheim der Patres. *2,5 km westlich des Stadtzenrums unmittelbar am Zusammenfluss von Kostroma und Wolga jenseits der Brücke über die Kostroma gelegen, tgl. 10–16.30 Uhr, außer Fr*

MUSEUM

Museum für Holzbaukunst
Auf offenem Gelände erstreckt sich ein Freilichtmuseum der besonderen Art: Eine umfangreiche Sammlung von Holzbauten aus den umliegenden Dörfern wurde hier zusammengetragen. *Stadtrand, an die Mauern des Klosters angrenzend, Mai–Okt. tgl. 9–17 Uhr*

HOTEL

Kostroma
Moderne Inneneinrichtung mit Doppel- und Einzelzimmern und den Restaurants »Snegurotschka« und »Russischer Wald«. *80 Zi., Ul. Magistralnaja 40, Tel. 0942/53 36 61, Fax 53 23 01*

PERESLAVL-ZALESSKIJ

(**125/D 3**) Der Ort (45 000 Ew.) ist in dichte Kiefernwälder eingebettet. Es lohnt sich, auf den Anhöhen vor den Toren der Stadt anzuhalten. Zu Füßen liegt Pereslavl-Zalesskij mit seinen Kirchenbauten und dem spiegelblanken Pleschtschejevo-See, der sich romantisch an die Stadt schmiegt: die weiß getünchten Klöster mit den grünen und grauen Hauben, das satte Grün der Kiefernwälder und das tiefblaue Wasser des Sees.

1152 von Fürst Jurij Dolgorukij, dem Begründer von Moskau, als Festung errichtet, erhielt Pereslavl den Beinamen Zalesskij – »hinter den Wäldern«. Im 13. Jh. herrschte hier Fürst Alexander Nevskij, der mit seinem Sieg über die Schweden an der Neva und dem Sieg über den Deutschen Ritterorden auf dem Peipus-See in die Geschichte einging. Ihm wurde ein Denkmal vor der Christi-Verklärungs-Kirche errichtet. Pereslavl musste sich im 14. und 15. Jh. mehrfach tatarischer und im 17. Jh. polnischer Angriffe erwehren.

BESICHTIGUNGEN

Christi-Verklärungs-Kathedrale
Die einfache Kirche ist das älteste der gut erhaltenen Gotteshäuser in Russland (1152–1157 erbaut). Der Innenraum besitzt eine ausgezeichnete Akustik. Hier trat der große Sänger Fjodor Schaljapin auf, der in der Umgebung ein Gut besaß. Er gründete einen Bauernchor und hielt die Tradition russischer Kirchenmusik lebendig. *Im Festungsbezirk*

Danilow-Kloster
Das 1508 vom Mönch Daniil gegründete Kloster galt einst als reich. In der Dreifaltigkeitskirche sind wertvolle Fresken aus dem 17. Jh. erhalten geblieben. Im Innern: Motive aus dem Alten und Neuen Testament. *Südlich der Stadt auf Höhe der Ul. Podgonaja nach links*

Goritskij-Kloster
Die Kathedrale wurde 1757 im Stil des Petersburger Barock errichtet. Das siebenkupplige Gotteshaus ist äußerlich schlicht, bietet jedoch im Innenraum prächtige Ikonen aus Holz, die zu den Meisterwerken des russischen Barock zählen. Liegt auf einem Berg *(na goritsche)*, erhebt sich über der Stadt. *Tgl. 10–17 Uhr, außer Di*

Metropolit-Peter-Kirche
Die Kirche war, als der Metroplit Peter seinen Sitz von Kijev nach

Moskau verlegte, zunächst aus Holz errichtet und wurde – 1585 – aus Stein nachgebaut. Später diente sie als Staatsgefängnis und zeitweilig als Sicherungsort für die Staatskasse. *Ul. Sowjetskaja*

Nikitskij-Kloster
Das Kloster ist festungsähnlich angelegt. Rund um den Komplex zieht sich eine Wehranlage mit sechs Türmen. Das Kloster konnte zum Schutz der reichen Mönchsgemeinschaft erfolgreich mehreren Belagerungen widerstehen. *Der Ul. Rostovskaja nach Norden folgen*

MUSEUM

Historisches Museum
Das Museum zählt zu den renommierten Heimatmuseen des Landes. Geschichtsinteressierte finden hier Hinweise zum Verständnis der russischen Volksseele und zu den Machtinteressen des Landes. Über 30000 Exponate altrussischer Malerei, Handwerkskunst, Schmuck, Stickereien, Urkunden und Bücher sind hier in den 1920er-Jahren aus Klöstern, Landgütern und Bürgerhäusern der näheren Umgebung zusammengetragen worden. *Auf dem Gelände des Goritskij-Klosters, Ul. Kardovskowo, tgl. außer Di 10–17 Uhr*

RESTAURANT

Lesnaje Skaska
Das im Bauernstil eingerichtete Restaurant ist auch bei den Einheimischen beliebt. Dazu hält es Schlafmöglichkeiten in gut ausgestatteten Holzhütten bereit. *7 km vor der Stadt, Tel./Fax 08535/ 208 63*

HOTEL

Pereslavl
1985 erbautes Mittelklassehotel mit Restaurant. *Ul. Rostovskaja 27, Tel. 08535/217 88, Fax 215 59*

ZIEL IN DER UMGEBUNG

Marinemuseum »Botik« **(125/D3)**
Der Segler *Fortuna* aus Zar Peters »Spielflotte« ist hier neben allerlei seemännischen Utensilien zu besichtigen. Unmittelbar vor den Toren Moskaus hatte Peter der Große mit dem Pleschtschejevo-See ein geeignetes »Meer« entdeckt, das zum Geburtsort der russischen Kriegsflotte werden sollte. Von einem holländischen Baumeister ließ er über 100 Miniaturschiffe bauen, die mit Kanonen ausgestattet wurden und mit denen er Parademanöver veranstaltete. Mehrere Feuer vernichteten später die Schiffe mit zwei Ausnahmen. Ein weiteres Schiff ist heute im Marinemuseum von St. Petersburg zu sehen. *Am Südufer des Pleschtschejevo-Sees, 4 km außerhalb der Stadt, tgl. außer Mo 10–17 Uhr*

ROSTOV-VELIKIJ

(125/D2) Die 40000 Ew. zählende Stadt besitzt keine Industrien, sondern lebt eher schlecht als recht vom Fremdenverkehr. Am Ufer des Nero-Sees stehen schöne alte Häuser in idyllischer Lage. Die Straßen führen im Halbkreis um den Kreml.

In den Chroniken ist Rostov erstmals 862 erwähnt. Den Beinamen Velikij – der Große – verdiente sich der Ort im 12. Jh., als Rostov Fürstensitz wurde. Handwerker und Kaufleute siedelten sich in dem wohlhabenden Ort an. Doch bereits im 13. Jh. vernichteten die Tataren die Stadt fast vollständig. Den Rest besorgte ein Metropolit der orthodoxen Kirche 300 Jahre später in der Absicht, am Ufer des Nero-Sees einen privaten Kreml zu errichten.

BESICHTIGUNGEN

Abraham-Kloster
Die mittelalterliche Kathedrale mit zwei kleineren Kirchen ist in ziemlich schlechtem Zustand. *Ul. Scheljobovskaja, nahe dem Nero-See*

Erlöser-Jakob-Kloster
Die Kirche zum Empfängnis der heiligen Anna (1754), die Demetriuskirche und die Jakob-Kirche sind bedeutende Denkmale des russischen Klassizismus. *Ul. Dobroljubova, tgl. 7–21 Uhr*

Kreml
Der imposanteste Gebäudekomplex der Stadt mit mächtigen Mauern, elf Türmen, fünf Kirchen, einem Palais aus weißem Stein, Fürstenhäusern und einem Glockenturm. Von den Türmen haben Sie einen wundervollen Blick auf die Anlage und einen Teil der Stadt. Bezaubernd ist die *Mariä-Himmelfahrts-Kirche* aus dem 16. Jh. Die fünf wuchtigen Kuppeln sind mit silbrig funkelndem Schuppenblech bedeckt. Über der Mittelkuppel ragt ein 4,6 m hohes Kreuz. In dem Glockenturm hängen 15 Glocken, die 20 km weit zu hören sind. 1928 war das Läuten verboten worden. Seit einigen Jahren erschallen die Glocken wieder, und zwar jeden Tag um 17 Uhr. *Tgl. 9–17 Uhr*

HOTELS

Rostov
Einfaches Hotel. Restaurant mit russischer Küche. *Ul. Sverdlova, Tel. 08536/219 76*

Dom na Pogrebach
Die Herberge bietet einfache Räume für drei bis fünf Personen, einen Speiseraum im Roten Palais und ein Café. *Auf dem Kreml-Gelände, 14 Zi., Tel. 08536/312 44*

SERGIEV POSAD

(124/C4) Ein Ausflug hierher beginnt in der Regel im nahen Moskau. Seit 1991 hat die Sergijus-Stadt wieder ihren alten Namen. 1930 war sie nach dem Sekretär des Moskauer Parteikomitees in Sagorsk umbenannt worden. Die zahlreichen Kioske und Souvenirstände vor dem Dreifaltigkeits-Kloster weisen darauf hin, dass Sergiev Posad (107 000 Ew.) als Wallfahrtszentrum immer ein Anziehungspunkt für gläubige Besucher war.

BESICHTIGUNG

Dreifaltigkeit-Sergijus-Kloster
★ Majestätisch auf einer kleinen Anhöhe gelegen, ist das Kloster ein Zentrum der russisch-orthodoxen Kirche.

Auf dem Klostergelände befinden sich neun Kirchen und zahlreiche Profanbauten, darunter ein Priesterseminar und eine theologische Akademie. Das Kloster ist die Residenz des Patriarchen. Das älteste Gotteshaus ist die Dreifaltigkeits-Kathedrale, 1423 erbaut. Hier finden täglich Messen statt, zu festlichen Anlässen predigt der Patriarch. Eng verbunden mit der

Kathedrale ist der Name Andrej Rubljovs, des bekanntesten Ikonenmalers. Er schuf zahlreiche Heiligenbilder, darunter die wohl berühmteste Ikone »Dreifaltigkeit«, die sich seit 1930 in der Moskauer Tretjakov-Galerie befindet. In der Kathedrale ist eine Kopie zu sehen.

In der Mitte der Anlage steht die Mariä-Himmelfahrts-Kirche, in der ebenfalls Gottesdienste stattfinden. Sie gilt als die Hauptkirche des Klosters mit fünf gold und blau leuchtenden Türmen. In einem schlichten Grab ruhen die Gebeine von Zar Boris Godunow. Der 80 m hohe Glockenturm ist von einer kronenförmig gewölbten Kuppel umschlossen. *Der Komplex liegt an der Hauptstraße nach Sergiev Posad. Tgl. 10–17 Uhr, außer Mo*

MUSEUM

Kunsthistorisches Museum
In dem Museum sind unermessliche Kunstschätze untergebracht, so die weltgrößte Sammlung von Meisterwerken altrussischer Kunst. Über Jahrhunderte fühlten sich Zaren und Bojaren verpflichtet, dem einflussreichen Kloster kostbare Geschenke zu machen. Die ältesten Ikonen stammen aus dem 14. Jh. Andrej Rubljov hat eine ganze Malschule hinterlassen. *Auf dem Klostergelände, tgl. 10–17 Uhr, außer Mo*

EINKAUFEN

In einem kleinen Kellergeschäft namens *Tonus* finden Sie Wissenswertes zum Kloster in mehreren Sprachen, Textilien, Matrjoschka-Puppen und Andenken. Zu dem Laden gehört eine kleine Cafeteria. Er befindet sich *an einem Fußpfad zwischen dem Busparkplatz und der Straße entlang der Klostermauer.*

Vor dem Klostereingang und beim Busparkplatz bieten zahlreiche fliegende Händler ebenfalls ihre Ware an.

HOTEL

Sagorsk
Das in unmittelbarer Klosternähe gelegene Hotel hat komfortable Doppel- und Einzelzimmer. Das Restaurant ist empfehlenswert. *320 Zi., Pr. Krasnoj Armii 71, Tel. 09654/25925, Fax 24443*

SUZDAL

(125/E4) ★ Der kleine Ort liegt 210 km von Moskau entfernt. Mit seinen 12000 Ew. ist er ein einziges Museumsstädtchen und ein touristisches Juwel. Hier konzentrieren sich auf kleiner Fläche über 100 Bauwerke von historischer Bedeutung. Hier ist aber auch die Architektur der kleinen Leute erhalten – viel pittoreske Holzhäuschen prägen das Bild der kleinen Stadt. Suzdal steht unter Denkmalschutz und wird vielfach als »Hauptstadt des Goldenen Rings« bezeichnet. Einst Residenz von Fürsten, durch Überfälle der Mongolen und Polen oft zerstört, von Pestepidemien heimgesucht, wurde der Ort immer wieder aufgebaut.

Erstmals wurde Suzdal im Jahr 990 erwähnt und erhielt 100 Jahre später bereits die Stadtrechte. Ihre Blütezeit erlebte die Stadt im 12. Jh., als Fürst Jurij Dolgorukij den Ort zur Hauptstadt des Fürstentums Rostov-Suzdal machte. Eine Chronik aus dem Jahr 1673 dokumentiert die Größe der Stadt: 400 Anwesen, acht Kathedralen im Kreml, 14 Kirchen in der Siedlung und 27 Kirchen in den Klöstern.

Erst im 19. Jh. versank Suzdal in die Bedeutungslosigkeit eines verschlafenen Provinznestes. So ist zu erklären, dass der Ort die Plünderungen und Zerstörungen, die nach 1917 durchs Land gingen, unbeschadet überstand. Nach 1967 wurden die sakralen und weltlichen Bauten restauriert, für den Tourismus entstand eine angemessene Infrastruktur.

BESICHTIGUNGEN

Euthymios-Erlöser-Kloster

Im Norden der Stadt liegt das nach seinem ersten Abt benannte Kloster an einem Steilhang. Zu den Sehenswürdigkeiten zählen die Verklärung-Christi-Kirche mit gut erhaltenen Fresken, der Glockenturm mit 20 Glocken, die Nikolaus-Spitalkirche und gleich daneben die Gefängniszellen. Das Zuchthaus war 1776 von Katharina II. für die Gegner von Alleinherrschaft und Religion angelegt worden und war noch kürzlich eine Haftanstalt für Jugendliche. Vom Kloster aus hat man eine herrliche Aussicht auf die langsam dahinfließende Kamenka. *Am Nordende der Ul. Lenina, tgl. 10–17 Uhr, außer Mo*

Kreml

Immer noch sind die Erdwälle erkennbar, die im 11. Jh. angelegt wurden. Die *Kathedrale der Jungfrauengeburt* ist das erste städtische Gotteshaus, das nicht nur von der Fürstenfamilie, sondern auch von der Bevölkerung besucht wurde. Die beiden Portale sind Zeugnisse russischer Handwerkskunst des 13. Jhs. Der massive Glockenturm ist kegelförmig. Die im 17. Jh. eingebaute Uhr lässt jede Minute die Glocken erklingen. Der Turm ist durch eine Galerie mit dem *Erzbischöflichen Palais* verbunden. *Tgl. 10–17.30 Uhr*

MUSEEN

Freilichtmuseum

Unweit des Kreml, auf der anderen Seite des Flusses, ist eine Sammlung kleiner Kirchen, von Bauernhäusern, Speichern und Windmühlen aus Holz angelegt, die aus der Umgebung seit 1960 zusammengetragen worden waren. *Auf dem Demetriushügel, von Mai bis Okt., tgl. 9–18 Uhr*

Außerhalb des pittoresken Suzdal sind die Dorfstraßen schlichter

Museum für Altrussische Malerei
Sammlung von Seltenheitswert mit Ikonen aus dem 13. bis 17. Jh., vor allem aus der Vladimir-Suzdaler Schule. *Auf dem Kreml-Gelände im Erzbischöflichen Palais, tgl. 10–17.30 Uhr, außer Di*

RESTAURANTS

Kamenkin-Bar
Das kleine Café bietet neben ausgewählten Kuchensorten, auch Eis sowie Kaffee und Tee an. *Ul. Kremljovskaja*

Trapesnaja
Zwei Restaurants gleichen Namens bieten sehr gute russische Küche. *Im Pokrovskaja-Kloster und im Erzbischöflichen Palais auf dem Kreml-Gelände (hier werden auch vegetarische Gerichte serviert), Tel. 09231/209 08*

HOTELS

Likoninski Dom
Das erste Haus am Platz mit komfortablen Zimmern im traditionellen russischen Stil. Dazu gehören ein Restaurant und eine Bar. *120 Zi., Ul. Slobodskaja 34, Tel. 09231/ 219 01*

Pokrovskaja
Die Gäste des Hotels können mit Gottes Beistand rechnen, sie schlafen in Holzhäuschen auf dem Gelände des Maria-Schutz- und Fürbitteklosters. *30 Zi., Ul. Pokrovskaja, Tel. 09231/218 37*

Vorn das Museum für Kristall und Lackminiaturen, einst Kirche der Altgläubigen in Vladimir, dahinter das Goldene Tor (1158), ältestes Baudenkmal

VLADIMIR

(125/E4) Vladimir (350 000 Ew.) ist eine Industriestadt mit einem reichen Kulturleben. Die Stadt wurde 1108 von dem Kijever Großfürsten Vladimir Monomach gegründet, der ihr seinen Namen gab. Sein Enkel Andrej Bogoljubskij baute Kirchen und Klöster, siedelte Handwerker und Kaufleute an. Dessen Bruder schließlich ließ Festungsmauern um die Stadt errichten und machte sie nahezu uneinnehmbar. Im 19. Jh. erhielt die Stadt eine Eisenbahnverbindung nach Moskau und Nižnij Novgorod.

BESICHTIGUNGEN

Demetrius-Kathedrale
Die Fassade des eindrucksvollen Kalksteinbaus aus dem 12. Jh. ist übersät mit über 1000 Figuren Steinmetzarbeiten mit Themen des Alten Testaments, der griechischen Mythologie und slawischer Heldensagen. *Auf dem ehemaligen Kreml-Gelände, tgl. 10 bis 17 Uhr, außer Mo*

Mariä-Himmelfahrts-Kathedrale
★ Der majestätische Bau im Zentrum der Stadt ist ihr Wahrzeichen. Die fünf Zwiebeltürme mit den gewaltigen Kreuzen sind weithin sichtbar. Bis ins 14. Jh. war sie die Hauptkirche Russlands. Hier wurden die Großfürsten von Vladimir und Moskau gekrönt. Im Inneren sind Fresken aus dem 12. und 13. Jh. freigelegt. Sehenswert: die Arbeiten von Andrej Rubljov und Daniil Tschornij, »Das Jüngste Gericht«. *Am Pl. Svobody, tgl. 10 bis 17 Uhr, außer Mo*

MUSEEN

Museum »Altes Vladimir«
In einem alten Wasserturm gibt es eine Ausstellung über den städtischen Alltag im vergangenen Jh. Von der Aussichtsplattform haben Sie einen Blick über die Stadt. *Auf dem Koslov-Wall, tgl. 11–16 Uhr, außer Mo*

Museum für Vorrevolutionäre Geschichte
Hier wird der Sarg von Alexander Nevskij aus Novgorod, Fürst von Vladimir, aufbewahrt. 400 Jahre nach seinem Tod, 1724, kamen seine Gebeine nach St. Petersburg. *Ul. III. Internazionala 64, tgl. 10–17 Uhr, außer Mo*

RESTAURANT

Traktir
Restaurant in einer modernen Bauernhütte. Spezialität: russische Plinsen, *Bliny. Ul. Stoljarova 2*

HOTEL

Vladimir
Bestes Hotel der Stadt, zentrale Lage, Restaurant, Bar, umfangreicher Service, bewachter Parkplatz. *80 Zi., Ul. III. Internationala 74, Tel. 0922/22 73 88, Fax 22 27 08*

ZIEL IN DER UMGEBUNG

Bogoljubovo **(125/E4)**
Hier lag die Residenz des Fürsten Andrej Bogoljubskij. Von dem einst prunkvollen Bau sind nur noch der Treppenturm und Ruinenteile des Palastes übrig. Auf der Wendeltreppe wurde der Fürst von Angehörigen des nichtfürstlichen Adels, den Bojaren, im Jahr 1175 erschlagen.

In die Heimat der Russen

Für den eisigen Norden braucht man Muße und Ausdauer

Im Norden Russlands gingen die Uhren immer schon anders, und das nicht nur, weil hoch oben in Karelien die Polarnächte im Winter nicht enden. Im Norden an der alten Handelsstraße von der Ostsee zum Schwarzen Meer ließen sich die schwedischen Normannen, Waräger genannt, einst nieder und gründeten die späteren Hansestädte Novgorod – Neustadt – und Pskov. Über Jahrhunderte lag hier die Macht nicht in den Händen von Fürsten, sondern bei autonomen Versammlungen freier Bürger, die Gesetze erließen und die Gerichtsbarkeit ausübten.

Ende des 15. Jhs. geriet Novgorod immer stärker unter den Druck Moskaus, bis Zar Iwan III. schließlich die Unabhängigkeit gewaltsam beendete und all seine zuvor gegebenen Versprechen brach. Gemeinsam mit Pskov verlor die Stadt ihre Sonderstellung und wurde zu einer unbedeutenden Provinzstadt.

Mit einfachsten Holzwerkzeugen und ohne einen einzigen Nagel wurde die Christi-Verklärungs-Kirche auf der Insel Kishi erbaut

MURMANSK

(**113/F 1**) Die Stadt liegt auf halbem Weg zwischen Moskau und dem Nordpol (472 000-Ew.). Die meisten Bürger sind russischer Herkunft, die in der Fischverarbeitung, auf Werften, vor allem aber als Marinesoldaten auf dem wichtigsten Stützpunkt der russischen Nordmeerflotte tätig sind. Hier liegen die berühmt-berüchtigten atombetriebenen Eisbrecher und U-Boote. Von Dezember bis Januar ist Polarnacht.

MUSEEN

Heimatmuseum

Interessant sind die Exponate über die frühen Einwohner der Region, die Samen. *Pr. Lenina 90, tgl. 11–18 Uhr, außer Mo und Di*

Institut für Polarforschung

Das Museum des Instituts steht nur Gruppen offen. *Ul. Knipovitscha 6, tgl. 10–18 Uhr, außer Mo*

RESTAURANT

Panorama

Fisch und Rentierfleisch sind die Spezialitäten. *Semjonovskoje-See*

MARCO POLO TIPPS FÜR DEN NORDEN

1 **Kreml und Sophien-Kathedrale in Novgorod**
Die ehemalige Hansestadt strahlt mit ihren Bauwerken noch immer die Pracht und die Macht vergangener Jahrhunderte aus (Seite 51)

2 **Kishi bei Petrozavodsk**
Die Zimmerleute der Insel Kishi waren Meister ihres Fachs. Sie arbeiteten lediglich mit einfachsten Werkzeugen – ihre Bauten haben bis heute Bestand (Seite 52)

HOTEL

Poljarnye Zori
Gute Mittelklasse, im Zentrum der Stadt. Vom oben gelegenen Restaurant bietet sich eine gute Sicht zum Kola-Fjord. Umfangreicher Service. *199 Zi., Ul. Knipovitscha 17, Tel. 8152/28 95 00*

AM ABEND

Club der Seeleute
Bar, Bücherei und zuweilen Kulturveranstaltungen auch für Nichtmatrosen. *Ul. Karla Marxa 1, tgl. 15.30–23 Uhr, außer So*

Kirov-Kulturpalast
Neben Kino und gelegentlichen Ausstellungen am Wochenende Tanztee. *Unweit des Arktika-Hotels, Pr. Lenina 82*

ZIEL IN DER UMGEBUNG

Festival des Nordens **(113/F 1)**
Alljährlich findet in der letzten Märzwoche das Festival des Nordens statt, ein Polarkarneval mit vielen Veranstaltungen wie Rentierrennen, Skimarathon und Eishockey. Zentrum des Festivals ist *Dolina Ujuta,* das gemütliche Tal, am Südende der Stadt. *Mit dem Bus Nr. 12 vom Hauptbahnhof Murmansk. Reiseveranstalter organisieren Exkursionen zum Festival.*

Kola-Halbinsel **(113/E–F 1–3)**
Die Halbinsel Kola – *Kolskij poluostrov* – war einst nur von den Rentierhirten der Samen und wenigen russischen Fischern und Fallenstellern besiedelt. Noch heute ist die Region bevölkerungsarm mit wenigen Fischerdörfern an der Küste und noch rund 1500 Angehörigen der Samen-Bevölkerung. Erst die Entdeckung reicher Bodenschätze hat der Region Bedeutung verliehen.

NOVGOROD

(112/C 3) Bis zur Gründung von St. Petersburg Anfang des 18. Jhs. war Novgorod, die »neue Stadt«, Russlands wichtigstes Handelszentrum – 600 Jahre lang. Heute hat die Stadt rund 220 000 Einwohner. Im Zweiten Weltkrieg wurde die Stadt von deutschen Truppen weitgehend zerstört. Heute ist sie Ziel russischer wie ausländischer Touristen. Für die Stadt sollte man sich Zeit nehmen, schon allein wegen der reichhaltigen Beispiele russischer Architektur. Novgorod hat zwei historisch besonders wertvolle

Zentren zu bieten: den Kreml (hier Detinez, »starker Bursche«, genannt) und – auf der anderen Volchov-Seite – den Jaroslavl-Hof.

BESICHTIGUNGEN

Facettenpalast

In dem gotischen Gebäude aus dem Jahr 1433 residierte einst der Erzbischof. *Auf dem Kreml-Gelände, tgl. 10–18 Uhr, außer Mi*

Jaroslavl-Hof

Hier war einst der Platz der Kaufleute und Handwerker. Reste einer Arkade aus dem 17. Jh. sind noch zu sehen. Auf dem Gelände stehen die Nikolaus-Kathedrale aus dem Jahr 1136 und die Paraskjev-Pjatnika-Kirche, so benannt nach der Schutzheiligen der Händler. *Auf der Marktseite der Stadt, tgl. 10–18 Uhr, außer Mo*

Kreml mit Sophien-Kathedrale

★ Gut erhaltene Festungsanlage aus dem 11. Jh. Hier, hinter den 9 m hohen und 4 m breiten mächtigen Mauern, spüren Sie etwas vom alten, glanzvollen Russland. Kern der Anlage und das Wahrzeichen der Stadt ist die um die Jahrtausendwende errichtete Sophien-Kathedrale. Die vergoldete Hauptkuppel mit den vier Nebenkuppeln sitzt strahlend auf dem weiß getünchten Gebäude. Im Inneren befinden sich Ikonen aus dem 14. Jh. *Tgl. 10–18 Uhr, außer Mi*

MUSEUM

Historisches Museum

Das Museum beherbergt zahlreiche Ikonen der Novgoroder Schule, die ihre erste Blüte im 12. Jh. hatte und sich von anderen

Am Volchov: Novgoroder Kreml mit Sophien-Kathedrale

Richtungen vor allem durch reichere Farbgestaltung unterscheidet. *In den Räumen des Kreml, tgl. 10–18 Uhr, außer Di*

RESTAURANTS

Detinez

In einer ehemaligen Kirche neben dem Petrovskaja-Turm des Kreml liegt dieses auch von Einheimischen geschätzte Restaurant. *Kreml 7*

Café Posad

Hier sind die Preise mit denen der Hotelrestaurants vergleichbar, doch die Atmosphäre ist viel angenehmer. *Ul. Rogatitsa 14, Sa geschl.*

HOTELS

Beresta Palace

Neues Hotel der Spitzenklasse mit Swimmingpool, Sauna, Nachtclub, Bierbar und Konferenzsaal für 200 Gäste. *226 Zi., 23 Suiten, Ul. Studentscheskaja 3, Tel. 8162/23 04 01, Fax 317 07*

Intourist

Am Ufer des Volchov-Flusses zentral gelegen, mit Blick auf die

Peter-und-Paul-Kirche, Mittelklasse, Restaurant, Bar, guter Service. *118 Zi., Ul. Velikaja 16, Tel. 8162/27 46 44, Fax 27 41 57*

ZIEL IN DER UMGEBUNG

Staraja Russa **(112/C3)**
Der Dichter Fjodor Dostojewski (1821–1881) hat hier »Die Brüder Karamasow« und »Die Erniedrigten und Beleidigten« geschrieben. In seinem Haus ist ein kleines Museum *(tgl. 10–18 Uhr, außer Mo)* untergebracht. In zwei Stunden bringt Sie die Fähre zu diesem alten Handelsplatz am Ilmen-See. *Anlegestelle am Flussende der Ul. Suvorovskaja*

PETROZAVODSK

(113/D 3) Die Hauptstadt Kareliens liegt landschaftlich schön an der Mündung der Lososinka in den Onežskoje-See (Onega-See). Die 280 000 Ew. sind überwiegend Russen. 1703 als Kanonengießerei und Rüstungsschmiede Zar Peters des Großen gegründet, erlangte die Stadt als Verbannungsstätte traurige Berühmtheit sowohl bei den Zaren wie unter Stalin. Der Ort hat es schwer, sich gegen dieses Image zu wehren.

MUSEEN

Heimatmuseum
In einer ehemaligen Kirche ist das kleine Museum untergebracht, in dem Exponate karelischer Volkskunst ausgestellt sind. *Pr. Uritskowo 32, tgl. 9–19 Uhr, außer Fr*

Kunstmuseum
Ikonen des 15.–17. Jhs. und Malerei aus späterer Zeit befinden sich in einem der ältesten Gebäude der Stadt. *Pr. Marxa 8, tgl. 11 bis 18 Uhr, außer Mo*

RESTAURANTS

Petrovskij
Einheimische Küche – Fleischpfanne mit Pilzen. Preiswert. *Ul. Andropova 1, Tel. 8142/ 77 09 92*

Schaschlytschnaja
Wie der Name sagt: pikante Spieße, kleine Preise. *Ul. Andropova 13/16, Tel. 8142/77 09 45*

EINKAUFEN

Als Souvenir bieten sich karelische Stickereien und Trachten an.

HOTELS

Karelija
Einfaches, modernes Haus. *Nab. Gjullinga 2, Tel. Tel. 8142/55 88 97, Fax 55 23 06*

Severnaja
Sehr bescheidenes Haus, 1937 erbaut, mäßige Küche. *186 Zi., Pr. Lenina 21, Tel. 8142/76 20 80, Fax 76 22 55*

ZIEL IN DER UMGEBUNG

Insel Kishi **(113/D 3)**
★ In der eisfreien Zeit kann man mit dem Tragflügelboot »Raketa« über den Onega-See zu einer Tagestour übersetzen. Auf der Insel wurden Meisterwerke der russischen Holzbaukunst aus dem Norden, wie kaum anderswo, aus allen umliegenden Regionen abgetragen und hier neu aufgebaut. Das »achte Weltwunder« nennt man die 35 m hohe *Christi-Verklärungs-Kirche* mit

22 Kuppeln. Sie wurde mit einfachsten Werkzeugen ohne einen einzigen Nagel errichtet. In unmittelbarer Nachbarschaft erhebt sich die *Mariä-Schutz-Kirche* aus dem Jahr 1764. Um eine Mittelkuppel gruppieren sich acht kleine Kuppeln.

Zu sehen ist auch der älteste Holzbau Russlands, die *Lazarus-Kirche* aus Murom. *Von der Fähranlegestelle in Petrozavodsk fahren Schiffe mehrmals tgl. von Mai bis Sept., 70 km entfernt*

PSKOV

(112/B 3) Die Stadt galt stets als die »kleine Schwester« Novgorods. Sie gehört zu den ältesten Städten Russlands. Spuren aus der Gründungszeit im 9. Jh. sind vor allem im Kreml zu sehen, dessen Kern noch aus den Anfängen der Stadt stammt.

Nur wenig ist noch übrig von den alten Handelshäusern aus dem 16. und 17. Jh.; während des Zweiten Weltkrieges wurde die Stadt weitgehend zerstört. Moderne, eher nüchtern-zweckmäßige Bauten des Wiederaufbaus prägen heute das Stadtbild.

BESICHTIGUNGEN

Dreifaltigkeits-Kathedrale
Der hohe Bau aus dem Jahr 1699 ist bereits von weitem sichtbar. Die fünfkupplige Kathedrale zieren sparsame Ornamente. Die Ikonen sind im Stil des Moskauer Barocks. *Im Kreml gelegen*

Kreml
Die Wälle der Befestigungsanlage stammen aus dem 13. Jh. Von hier aus haben Sie einen Blick auf die übrigen Wehrtürme jenseits des Pskova-Flusses. *An der Ul. Sovjetskaja*

RESTAURANTS

Café Tscheburetschnaja
Georgische Küche, gepfefferte Speisen *(Schaschlyk)*, kleine Preise. *Oktjabrski Pr. 10*

Kuorio
Einheimische bevorzugen dieses finnische Restaurant. *Unweit des Rishskaja-Hotels, Ul. Kiseleva 8*

HOTELS

Oktjabrskaja
Hübsch gelegen zwischen Innenstadt und Bahnhof. Altertümliches Restaurant. *140 Zi., Oktjabrski Pr. 36, Tel. 8112/399 12, Fax 255 93*

Rishskaja
Dieses ruhige Hotel liegt westlich des Velikaja-Flusses; mit Restaurant. *260 Zi., Rishskij Pr. 25, Tel. 8112/46 23 01*

ZIEL IN DER UMGEBUNG

Michailovskoje **(112/B 3)**
Das Familiengut des bekanntesten russischen Dichters Alexander Puschkin (1799–1837). Hier verbrachte er zwei produktive Jahre (1824 bis 1826), in denen Teile des Versromans »Eugen Onegin« und des Nationaldramas »Boris Godunow« entstanden. Das *Puschkin-Museum* gibt einen guten Einblick in Leben und Schaffen des Dichters. Im benachbarten *Kloster Svjatogorsk* kann die Grabstätte Puschkins besucht werden, der nach einem dramatischen Duell starb. *130 km südl., Museum und Park tgl. 9 bis 16.30 Uhr, außer Mo*

Auf der Suche nach Identität

Verklärte Vergangenheit – graue Gegenwart: An Kaliningrad scheiden sich die Geister

Wer in die alte Königsstadt als Tourist kommt, um Zeugnisse der Vergangenheit zu finden, der wird Zeit, Mühe und Geduld mitbringen müssen. Die Pracht einstiger deutscher Städtebaukunst ist verschwunden, im Zentrum von Kaliningrad (**112/A 2**) dominieren graue Wohnsiedlungen im monotonen Einheitsraster. Breite Straßenbänder führen über die eingeebneten Trümmer der verschwundenen Altstadt. Je weiter man sich allerdings von den kahlen Plätzen wegbewegt, desto häufiger trifft man auf Spuren Königsberger Vergangenheit. In den Vorstädten Amalienau, Maraunendorf und Ponarth stehen sie noch, die ansehnlichen Villen mit Türmchen, Erkern und Veranden. Die Stadt beiderseits des Pregels, mit heute 429 000 Ew., liegt in der Kaliningrader Oblast (größeres Verwaltungsgebiet) – bis 1945 nördlicher Teil Ostpreußens. Das Gebiet an der Ostsee grenzt nördlich an Litauen und im Süden an Polen. Mit der Unabhängigkeit der baltischen Länder ist das Gebiet zu einer isolierten russischen Westprovinz geworden.

Der Königsberger Dom, der im Zweiten Weltkrieg stark beschädigt wurde, ist weitgehend restauriert. An der Nordseite liegt die Grabstätte Immanuel Kants

Die exponierte Lage hat die wechselvolle Geschichte maßgeblich bestimmt. Königsberg wurde 1255 vom Deutschen Orden, einem christlichen Ritterorden, gegründet und erhielt seinen Namen zu Ehren von König Ottokar II. von Böhmen und zum Dank für dessen Unterstützung gegen die baltischen Pruzzen, die sich ihrer Christianisierung vergeblich widersetzt hatten. Eine Burg wurde errichtet, viele Deutsche siedelten sich an, und die Kolonie entwickelte sich bald zu einer bedeutenden Handelsstadt. Zunächst entstanden drei Orte: Altstadt, Löbenicht und – auf einer Insel des Pregels auf Pfählen erbaut – Kneiphof. Sie blieben bis 1945 Stadtteile. Als der Deutsche Orden zerfiel, wurde Königsberg »Herzogtum Preußen« und polnisches Lehen. In der Schlosskirche wurden 1701 Kurfürst Friedrich III. von Brandenburg und

MARCO POLO TIPPS FÜR KALININGRAD

1 Dom
Beim Gotteshaus liegt die Grabstätte Immanuel Kants (Seite 58)

2 Bernsteinküste
Eine Wanderung entlang der Landzunge ist ein Naturerlebnis (Seite 59)

1861 Wilhelm I. zu preußischen Königen gekrönt. Nach 1757 stand die Stadt fünf Jahre lang unter russischer Besatzung. Zu jener Zeit wirkte der Königsberger Philosoph Immanuel Kant in seiner Heimatstadt, wurde jedoch erst 1770 Professor an der Albertus-Universität. Aus dem Umstand, dass Kant Kontakte zur russischen Verwaltung unterhalten haben soll, leiten Kaliningrader Russen heute oft ein besonderes Verhältnis zu Deutschland ab.

Durch Napoleon fiel Königsberg 1807 in die Hände der Franzosen. So kam es, dass fünf Jahre später die Befreiung von der französischen Fremdherrschaft von Ostpreußen ausging. Nach dem Ersten Weltkrieg, als der größte Teil Westpreußens wieder polnisch wurde, blieb Ostpreußen, das in den ersten Kriegsjahren teilweise von Russland besetzt war, deutsch. Die östlichste Stadt Deutschlands wurde – nicht zum letzten Mal – zur Exklave und war nur durch einen Korridor zu erreichen. In den Dreißigerjahren zählte die Stadt 372 000 Ew.

Im Zweiten Weltkrieg wurde die historische Innenstadt fast völlig zerstört. Mit 800 Bombern legte die britische Luftwaffe im August 1944 zwölf der 20 Kirchen in Schutt und Asche. 4200 Menschen wurden getötet, 200 000 obdachlos. Noch in den letzten Kriegsmonaten wurde Königsberg zur Festung erklärt. Viele Deutsche flüchteten mit spärlicher Habe nach Westen. Im April 1945 kapitulierte die Stadt. In den folgenden zwei Jahren kamen Zehntausende durch Hunger, Krankheiten und die Misshandlungen der Besatzer ums Leben. Im Potsdamer Abkommen vom August 1945 wurde dann die Westgrenze der Sowjetunion und die Abtretung des Gebiets festgelegt.

Ehemalige russische Soldaten und Menschen vornehmlich aus dem europäischen Teil Russlands wurden später hier angesiedelt. Königsberg erhielt einen neuen Namen: Kaliningrad – nach dem 1946 verstorbenen sowjetischen Staatsoberhaupt Michail Kalinin. Die gesamte Region – Kaliningrader Oblast – wurde für Ausländer gesperrt, aus politischen wie aus militärischen Erwägungen. Im baltischen Militärbezirk konzentrierten sich auf engem Raum zahlreiche sowjetische Einheiten sowie die »Baltische Flotte«. Fischfang und Maschinenbau, Papier- und Baustoffindustrie wurden die Schwerpunkte wirtschaftlicher Aktivitäten.

Mit der Liberalisierungspolitik Gorbatschows öffnete sich die Stadt (1991). Seither ist die Region eine freie Wirtschaftszone mit dem Beinamen »Jantar« (Bernstein). Mit weitgehenden

Steuervorteilen für ausländische Anleger hofft man, Anschluss an neue Märkte zu gewinnen. Heute soll Kaliningrad eine Stätte der Begegnung für Ost und West werden, gefördert von namhaften Persönlichkeiten aus der Finanz- und Medienwelt. Seit 1991 haben sich rund 20 000 Russlanddeutsche aus Sibirien und Kasachstan angesiedelt. Die deutschrussischen Vereinigungen »Eintracht« und »Gedenkstätten Königsberg« setzen auf Partnerschaft und Wiederaufbau. Selbst eine deutsche Zeitung gibt es: »Königsberger Express«. Das Blatt erscheint monatlich und zweisprachig.

Mit 78 Prozent bilden die Russen den Hauptteil der Bevölkerung neben Weißrussen, Ukrainern und Litauern. Nicht wenige sehen einer weiteren Ausbreitung der Deutschen mit eher gemischten Gefühlen entgegen.

Die Wirtschaft entwickelt sich in Königsberg nur langsam, große Fortschritte hingegen macht die Tourismusbranche. So entstanden in der Stadt und an der malerischen Küste kleine, einladende Restaurants und gute Hotels in allen Kategorien.

Kriegsbomben und spätere Zerstörungen haben zahlreiche Zeugnisse der Geschichte ausgelöscht. Die Ruine des Schlosses, das aus der Zeit des Deutschen Ordens im ausgehenden 16. Jh. stammt, war 1969 gesprengt worden. An dieser Stelle wurde mit einem monströsen Bau, dem Haus der Räte, begonnen. Der Koloss gehört inzwischen einer Aktiengesellschaft, die sich mit Kultur beschäftigt. Die zukünftige Bestimmung des Gebäudes ist unklar. Die zahlreichen Denkmäler der Preußenkönige sind abgetragen, das von dem klassizistischen Bildhauer Christian Daniel Rauch geschaffene Standbild von Immanuel Kant ist seit dem Kriegsende ver-

Das Brückenhaus am Pregel ist eines der wenigen alten Gebäude im Zentrum

schollen. 1992 wurde eine Nachbildung der Statue vor der Universität aufgestellt.

Alles Wissenswerte über Königsberg finden Sie im MARCO POLO Band »Königsberg/Ostpreußen Nord«.

BESICHTIGUNGEN

Dom

★ Das im gotischen Stil (1333 bis 1380) errichtete Gotteshaus war im Krieg stark zerstört. Inzwischen sind Vorderfront, Turmaufbau und das Dach restauriert, vom Turm schlägt wieder eine Uhr. In der Sakristei zeigt ein kleines Museum Reste religiösen Inventars. Ein Modell des Doms verweist auf die notwendigen Aufbauarbeiten, die nur schleppend vorankommen. Der Dom soll zu einer Begegnungsstätte der Toleranz ausgebaut werden, wo Gottesdienste unterschiedlicher Konfessionen, Konzerte und Ausstellungen stattfinden.

An der Nordostseite liegt seit 1804 die *Grabstätte des Philosophen Immanuel Kant,* die wie ein Wunder das Bombardement überstand. Täglich liegen im Säulenbau aus Granit frische Blumen. *Auf dem Kneiphof, auch Dom- oder Kantinsel genannt*

Park der Skulpturen

Wo einst Häuserzeilen neben dem Dom standen, ist eine Freilichtausstellung entstanden mit alten und neuen Skulpturen: der mittelalterliche Lyriker Walther von der Vogelweide, Zar Peter I., ein Granitstein des Geistlichen Julius Rupp, Großvater der Bildhauerin Käthe Kollwitz. Auf dem Relief befindet sich die Inschrift: »Wer nach der Wahrheit, die er erkennt, nicht lebt, ist der gefährlichste Feind der Wahrheit selbst.« Ein großer Findling, die Aufschrift russisch und deutsch, erinnert seit kurzem an den Ort, wo 1544 im Schatten des Domes die Albertina-Universität gegründet wurde. *Auf dem Kneiphof*

Historische Gebäude

In gutem Bauzustand erhaltene Zeugen der Vergangenheit liegen weit in der Stadt verstreut: Die Königin Luise Gedächtniskirche beherbergt heute das *Puppentheater (Pr. Pobedy 1),* die Pfarrkirche zur Heiligen Familie den *Konzertsaal der Philharmonie (Ul. Chmelnizkowo 61a).* Die neugotischen *Backsteintore – Rossgärter, Sackheimer, Brandenburger, Königs, Friedrichsburger* – sind in gutem Zustand. In der *Börse (Leninski Pr. 83),* viele Jahre Kulturpalast der Seeleute, wird wieder mit Wertpapieren gehandelt.

MUSEEN

Bernstein-Museum

Hier findet sich eine einzigartige Sammlung – 7000 Exponate – des fossilen Harzes. Einzelstücke gelber bis dunkelbrauner Farbe sind zu besichtigen. Zudem kann sich der Besucher ein Bild von den verschiedenen Anwendungsgebieten machen – Schmuck, verarbeitet in Kassetten, figürliche Plastiken, Industriefertigung. *Im Dohna-Turm, Pl. Wassilewskowo 1, tgl. 10–18 Uhr, außer Mo*

Königsberger Bunker

Als die Stadt in den letzten Kriegsmonaten zur Festung erklärt und General Lasch zum Befehlshaber ernannt wurde, richtete er sich im Keller des »Neuen Gebäudes« der Albertus-Universität auf die Verteidigung ein. Der gut erhaltene Bunker ist heute ein Museum der deutschen Kapitulation mit vielen zeitgenössischen Dokumenten. *Ul. Universitetskaja 2, tgl. 10–17.30 Uhr*

RESTAURANTS

Jasmina
Fischgerichte, Suppe »Zarskaja« (kräftig gewürzte Zwiebelsuppe). *Ul. Schillera 3, Tel. 0112/21 55 58*

Kapitan
Das Kellergeschoss ist zum gemütlichen Restaurant mit Clubcharakter ausgebaut. Ein breites Angebot der europäischen Küche, russische *Sakuski* (Vorspeisen) mit Lachs und Kaviar, Sauerkraut- und Walnusssalat. Hauseigene Musiker spielen zur Unterhaltung und zum Tanz. *Nicht weit vom Schlossteich, Ul. Sergejeva 14, Tel. 0112/43 31 14*

Kronprinz
Eine Reverenz an die Deutschen; deutsche, vor allem auch ostpreußische Küche und natürlich auch die typischen Klopse – Hackfleischbällchen in pikanter Sahnesoße mit Kapern. *Litovski Wal 38/2, Tel. 0112/46 43 70*

HOTELS

Deima
Modern ausgebaut, deutscher Mitinhaber, südlich des Stadtzentrums in Richtung Ponarth gelegen. Restaurant »Zum Schwanenteich« mit internationalem Speise- und Getränkeangebot, Bar. *82 Zi., Ul. Tolstikova 15/2, Tel. 0112/41 08 14, Fax 41 07 00*

Hansa
Die Kabinen des Hotelschiffes sind einfach eingerichtet (mit einem oder zwei Betten, Dreibettkabinen mit Kojen), Dusche, WC und TV. Zwei Restaurants, Bar, Clubraum. *58 Kabinen, liegt am Pregel, Nab. Bagramjana 6, Tel. 0112/43 37 37, Fax 43 38 06*

Kaliningrad
Das größte Haus am Platze, zentrale Lage, Bau der Siebzigerjahre. Die Zimmer sind neu nach internationalem Standard eingerichtet, viele Dienstleistungsangebote: Sauna, Schwimmhalle, Friseur, Bars, Shopping, Parkplatz, Servicebüro. *239 Zi. (5 App.), Leninski Pr. 81, Tel. 0112/46 04 40, Fax 46 95 90*

AUSKUNFT

Regionales Tourismuskomitee
Rokossowski Pr. 4, 236000 Kaliningrad, Tel. 0112/43 30 69, Fax 43 60 15

ZIEL IN DER UMGEBUNG

Bernsteinküste **(112/A 2)**
★ Nach 20 km mit dem Auto oder einer halben Stunde Bahnfahrt erreicht man von Königsberg aus *Zelenogradsk* (Cranz), einen traditionsreichen Badeort, der gut erhalten ist. Die Promenade ist 900 m lang. Westlich liegt in unmittelbarer Nähe *Svetlogorsk* (Rauschen), in dem die Vorkriegszeit stehen geblieben zu sein scheint. Hier gibt es einen Campingplatz, der von Mai bis November geöffnet ist. Der Strand wird oft mit der Schwarzmeerküste bei Soči verglichen. Eine Seilbahn bringt die Besucher die Steilküste hinab.

Die freigebige Wolga

Im Herzen Russlands muss der Reisende noch Pioniergeist mitbringen

Nördlich von Moskau, beim Dörfchen Volgoverchovje (**112/B3**), entspringt ein Flüsschen, das sich auf 3530 km zum mächtigsten Strom Europas entwickelt – die Wolga, »Mutter der russischen Flüsse«. Dabei profitiert sie von so mächtigen Zuflüssen wie der Oka (1478 km) und der Kama (2032 km). Ehe sie sich dann bei Astrachan ins Kaspische Meer ergießt, durchquert sie stille und freundliche Landschaften Mittelrusslands mit Wiesen und Feldern, aber auch malerische Dörfchen. Sie bahnt sich ihren Weg durch endlose Steppenregionen, die schließlich in Halbwüste übergehen, sie schlängelt sich über 75 km um die Shigulihöhen und rückt bei Volgograd (Wolgograd) dem Don nahe. Gerade 50 km trennen beide Flüsse voneinander. Seit 1952 sind sie durch den Wolga-Don-Kanal verbunden, der Schiffsreisen neue Perspektiven verliehen hat.

Das westliche Flussufer ist steil und steigt stellenweise bis auf 200 m an. Das östliche Ufer ist das Wiesenufer, im Frühjahr häufig überschwemmt und doch ein Gebiet erstklassiger Heuernten. Die Fahrrinne drängt sich zumeist an das Steilufer, und dort befinden sich auch die wichtigsten Städte wie Nižnij Novgorod – ehedem Gorkij –, Uljanovsk, Saratov, Volgograd. Am gegenüberliegenden Ufer war Städtebau in der Vergangenheit wegen der ständigen Hochwassergefahr nur bedingt möglich.

Die Fahrrinnen sind gut kenntlich gemacht und werden ständig von Sandbänken und anderen Anschwemmungen freigehalten. Die Wolga ist nicht nur eine wichtige Wasserstraße für den Touristen- und Ausflugsverkehr, auf ihr wird auch ein großer Teil des Gütertransports der Region abgewickelt. Vielen Bewohnern bietet zudem der Fischreichtum des Flusses eine wichtige Einnahmequelle. Die Hauptfanggebiete liegen im Wolgadelta und im nördlichen Teil des Kaspischen Meeres. Hier geht der Stör ins Netz, der zartes Fleisch und den köstlichen Kaviar liefert. Millionen von Maiheringen, die wie der Stör vom Kaspischen Meer her die Wolga hinaufsteigen, werden gefischt und eingesalzen. Barsch, Zander, Wildkarpfen und Güster sind weitere Gaumenfreuden, die auch den Restaurantbesucher erfreuen.

Europas größter Strom gab Volgograd, das einst Zarizyn, dann Stalingrad hieß, seinen jetzigen Namen

Seit Jahrhunderten haben das russische Volk und seine Dichter den Reichtum und die Reize von »Mütterchen Wolga« und dem Land, das sie umgibt, in Heldenliedern und Märchen besungen und verewigt. Der zeitgenössische Lyriker Jewgenij Jewtuschenko drückte das in seinem Gedicht »Die Wolga« so aus: »Wir Russen alle sind erzogen von ihr, der Wolga. Tief und rein sind ihre langsam schweren Wogen, gewichtig wie das Felsgestein.« Aber auch Ausländer zog es immer wieder an den Fluss. 1859 reiste der französische Romancier Alexandre Dumas, Autor der »Drei Musketiere«, auf der Wolga bis zum Kaukasus. »Impressionen einer Reise durch Russland« nannte er die dreibändige Beschreibung seiner Erlebnisse. Sie gelten heute noch als ebenso unterhaltsame wie anregende Lektüre für Einheimische wie Wolgareisende.

Ein gemäßigtes Kontinentalklima beherrscht das Wolga-Gebiet. Die Winter sind kalt, trocken, mit viel Schnee und einer Durchschnittstemperatur von minus 14 Grad im Januar. In heißen und trockenen Sommern klettert das Thermometer im Juli auf 24 Grad. Die Badesaison reicht von Juni bis September.

KAZAN

(115/F2) Um den historischen Stadtkern mit seinen Villen im Stil des russischen Barocks, seinen Minaretten und Moscheen sind moderne, aber auch eintönige Wohnviertel entstanden. Diese faszinierende architektonische Mischung verdankt Kazan

MARCO POLO TIPPS FÜR DAS WOLGAGEBIET

1 **Tataren-Museum in Kazan**
Über eine halbe Mio. Exponate geben Aufschluss über die Sitten und Gebräuche des Mischvolkes aus Mongolen, Türken, Wolgafinnen und Ostslawen (Seite 64)

2 **Wasserkraftwerk »Lenin« am Wolga-Stausee**
Mit einem Tragflügelboot erreicht man die beeindruckende Anlage (Seite 68)

3 **Wolga-Don-Kanal**
Der über 100 km lange Kanal weist zahlreiche technische Attraktionen auf (Seite 69)

4 **Lenin-Memorial in Uljanovsk**
Gedenkstätte Lenins mit Konzert- und Kinosaal. Nahebei das Geburtshaus des Revolutionsführers (Seite 67)

5 **Mamajew-Kurgan in Volgograd**
Gedenkstätte zu Ehren der Gefallenen des Zweiten Weltkrieges mit dem Standbild »Mutter Heimat« (Seite 69)

6 **Kreml in Nižnij Novgorod**
Eine lange Mauer mit elf Türmen umgibt den imposanten Kreml (Seite 66)

dem Zusammenleben von gläubigen Moslems, Tataren, und den russisch-orthodoxen Bewohnern. Heute beherbergt die Hauptstadt der Republik Tatarstan Menschen aus 70 Nationen und Völkern. Die Universität der Stadt, in der schon Lenin studierte, ist der kulturelle Magnet der Region. 750 km von Moskau entfernt, ist Kazan eine der wenigen Städte, die am flachen, östlichen Wolgaufer liegen – wo die Kasanka sich mit der Wolga vereint. Eine 4 km breite Überschwemmungszone trennt die Stadt von den Schiffsanlegestellen. Nicht nur für die Handelsschifffahrt ist Kazan von Bedeutung. Hier starten viele Wolgareisen.

1177 wurde Kazan erstmals urkundlich erwähnt. Heute ist die Stadt Wirtschafts- und Kulturzentrum mit über einer Mio. Ew. Im 13. und 14. Jh. war sie Hauptstadt des Reiches der Wolga-Bulgaren, im 15. und 16. Jh. Zentrum des Kazaner Chanats, das unter Iwan Grozny zum russischen Reich kam. 1773–75 erlebte die Stadt einen Bauernaufstand, 1905 nahmen die Kazaner Arbeiter an der ersten russischen Revolution teil.

Kazan ist seit 1991 Hauptstadt der Republik Tatarstan, die die Lostrennung von Moskau betrieb. Inzwischen wurde die doppelte Staatsangehörigkeit eingeführt, an den Schulen ist Tatarisch Pflichtfach. Die Autonome Republik hat souveräne Entscheidungsbefugnisse.

BESICHTIGUNGEN

Kreml

In nur zehn Jahren wurde der Kreml im 16. Jh. aus weißem Sandstein erbaut und ersetzte damit den früheren Holz-Kreml. Bauherr war der Steinmetz Postnik Jakowlew, dem man auch den Bau der Basilius-Kathedrale auf dem Roten Platz in Moskau zuschreibt. Auf dem Gelände befinden sich zudem die Mariä-Verkündigungs-Kathedrale, 1562 erbaut, der Sjujumbeki-Turm aus dem 17. Jh. und der Palast des Gouverneurs. Vor dem Kreml steht ein Denkmal des tatarischen Dichters Mussa Dshalil, der 1944 in Berlin-Plötzensee hingerichtet worden ist. *Am Flussende der Ul. Baumana, tgl. 10–17 Uhr*

Universität

Die Universität entstand als zweite Hochschule Russlands nach Moskau. Hier studierten u. a. der Dichter Leo Tolstoi (»Krieg und Frieden«) und der Sänger Fjodor Schaljapin. Später wurden eine Zweigstelle der Akademie der Wissenschaften Moskaus eröffnet, mehrere Forschungsinstitute und ein Konservatorium. Seit ihrer Gründung war die Universität ein Zentrum revolutionärer Ideen. 1887 ließ sich Vladimir Iljitsch Uljanov – Lenin – an der juristischen Fakultät immatrikulieren. Später erhielt die Bildungseinrichtung seinen Namen. *Ul. Kremlovskaja 18, tgl. außer So*

MUSEEN

Museum der Bildenden Künste

Die Ausstellung zeigt Werke der russischen und tatarischen Kunst des 18.–20. Jhs. Außerdem wird ein umfassender Überblick über tatarisches Kunsthandwerk seit dem 9. Jh. gegeben. *Ul. Marxa, tgl. außer Mo*

Museum der Tataren

★ 1894 als Historisches und Heimatmuseum gegründet, beherbergt es mehr als 650 000 Exponate, die mit dem Leben der 1,7 Mio. Tataren bekannt machen. *Ul. Kremlovskaja 2, tgl. außer Mo 10–17 Uhr*

RESTAURANT

Aktsharlatz

Deftige Nationalgerichte, empfehlenswert. *Ul. Jershova 5*

HOTELS

Kazan

Zentrale Lage, Interieur der Zimmer wie des Restaurants in tatarischem Stil, kräftige Küche. *110 Zi., Ul. Baumana 9/15, Tel. 8432/32 77 57*

Tatarstan

In der Stadtmitte, nationale und europäische Küche. *215 Zi., Ul. Puschkina 2, Tel. 8432/32 69 79, Fax 32 65 68*

AM ABEND

Opern- und Ballett-Theater Mussa Dshalil, *Pl. Svobody*; Tatarisches Akademisches Theater *G. Kamal, Ul. Gorkovo 13*; Schauspielhaus *W. I. Katschalow, Ul. Baumana 48*; Konzertsaal des Kazaner Staatlichen Konservatoriums, *Pl. Svobody*

ZIEL IN DER UMGEBUNG

Wolgafahrt

Am reizvollsten ist es, das Herz Russlands vom Wasser aus zu erkunden. Sowohl russische als auch deutsche Reiseveranstalter bieten Schiffsreisen an, die u. a. in Nižnij Novgorod, Kazan, Uljanovsk und Volgograd Station machen. Gefahren wird bei Nacht, tagsüber haben Sie Gelegenheit, die Städte zu besichtigen. Die Schiffe sind recht modern. Auch wer per Bahn oder Auto anreist, muss auf eine Wolgafahrt nicht verzichten. Von Frühjahr bis Herbst verkehren zwischen den Städten Passagierschiffe und schnelle Tragflügelboote. Buchen können Sie Teilstrecken oder mehrtägige Routen. Die Transportverwaltung Retschflot bietet ebenfalls Fahrten zwischen den Städten an und liegt mit anderen Reiseveranstaltern in einem Konkurrenzkampf, der die Reiseführer oft zur Verzweiflung bringt. Vorbestellungen auch im Moskauer Flusshafen: *Severnyj Retschnoij Voksal, Tel. 095/459 74 76*

NIŽNIJ NOVGOROD

(115/E 1) Wo die Oka in die Wolga mündet, liegt mit 1,4 Mio. Ew. die größte Stadt der Region und nach Moskau und St. Petersburg die drittgrößte Stadt Russlands. 1932 zu Ehren des hier geborenen Schriftstellers Maxim Gorkij – der Bittere –, doch gegen dessen Willen, in Gorkij umbenannt, hat sie 1990 ihren alten Namen wiedererhalten.

Die Stadt wurde 1221 gegründet, war gleich ein bedeutendes Handelszentrum, und schon damals begann man mit dem Bau monumentaler Steinbauten. Im 15. Jh. war sie Stützpunkt im Kampf gegen die Tataren und im 17. Jh. Zentrum des nationalen Widerstandes gegen die nach Russland eingedrungenen Polen und Schweden. Im 19. Jh. entwickelte sie sich zur Stadt der

Handelsmessen, deren Vorläufer der berühmte Makarjew-Jahrmarkt des 16. Jhs. war.

Unter der Sowjetmacht wurde sie ein wichtiges Industriezentrum, vor allem für die Metallverarbeitung. Von hier stammen die Luxuslimousinen »Wolga« und »Tschaika«. Eine Universität, Hochschulen, Theater und Museen entstanden. Weil Gorkij aber auch eine Stätte der Rüstungsproduktion war, blieb die Stadt für Ausländer bis 1990 gesperrt. Dissidenten wurden nach Gorkij verbannt, so der Physiker und Nobelpreisträger Andrej Sacharow, der hier bis 1986 isoliert lebte. An dieser Vergangenheit trägt die Stadt immer noch schwer. Der Tourismus entwickelt sich nur langsam. Dabei hat Nižnij Novgorod seinen Gästen einiges zu bieten.

BESICHTIGUNGEN

Gorkij-Gedenkstätte

Die Räume, in denen Maxim Gorkij (1868–1936) seine Kindheit verbrachte, sind erhalten und zu besichtigen. Hier lebte er als Bettler und Lumpensammler, ehe er »Unter fremde Menschen«, so der spätere Buchtitel, ging. Da man dem Handwerkersohn das Studium in Kazan verweigerte, eignete er sich als Autodidakt umfangreiches Wissen an. 1891 unternahm er lange Wanderungen durch Russland, er schrieb »Meine Kindheit«, »Meine Universitäten«, »Die Mutter«, »Das Werk der Artamanows« u.a. Er war Mitbegründer des sozialistischen Realismus. Trotz seiner Freundschaft mit Lenin blieb er ein Kritiker der kommunistischen Gesellschaft. *Kaschirinhaus, Potschtowij Sjesd, tgl. 9–17 Uhr, außer Mo*

Handelshaus

Eines der herausragenden Werke des russischen Jugendstils ist das Haus des S. M. Rukawischnikow (1908/09). Es erinnert an den Jahrmarkt von Nižnij Novgorod, der berühmten altrussischen Handelsmesse aus dem vergangenen Jh. Hier schlugen mehrere

Die Fahrt auf dem Wolga-Don-Kanal gehört unbedingt zu einer Russlandreise

tausend Händler alljährlich ihre Stände auf. Jetzt knüpft man an diese Tradition an. *Am Zusammenfluss von Oka und Wolga, auf der Landzunge gelegen*

Kreml

★ 1374 wurde mit dem Bau des steinernen Kreml begonnen, den ein Moskauer Meister 1511 beendete. Er erhebt sich über einem Steilhang am östlichen Ufer bei der Mündung der Oka in die Wolga. Von dort hat man einen eindrucksvollen Blick auf die Stadt. Den Kreml umgibt eine Mauer von über zwei km Länge. Von den ehedem 13 Türmen sind elf erhalten. Besonders originell ist der Uhrturm, der einst als Wachturm diente. Auf dem Kreml-Gelände liegt auch die *Erzengel-Kathedrale,* die wertvolle Fresken und einen prächtigen mittelalterlichen Altar besitzt.

RESTAURANTS

Burlatzkaja Slobodka

Rustikale Atmosphäre, Holztische und -bänke, Fischernetze an den Wänden, Fischspezialitäten, Kaviar sowieso. *Georgevskaja Sjesd 21, Tel. 8312/36 19 01*

Vitalitsch

Gemütliche und einladende Atmosphäre, die Fisch- und Pilzgerichte sind Spitze. *Ul. Pokrovskaja 35, Tel. 8312/34 04 40*

HOTELS

Bereg

Am Ufer der Wolga idyllisch gelegene Unterkunft, das Restaurant hat durchgehend geöffnet. *95 Zi., Ul. Tschuchotskaja 32a, Tel. 8312/62 12 20*

Nishegorodskaja

Über dem Hafen und der Messe gelegen, gute Standardausrüstung, Restaurant, Bar. *210 Zi., Ul. Salamova 2, Tel. 8312/31 23 88*

Volzhskij Otkos

Im Zuckerbäckerstil errichtetes Haus direkt an der Wolga, modernisiert, unweit vom Kreml, guter Service. *186 Zi, Verchnevolzhkaja Nab. 9 a, Tel. 8312/39 16 41, Fax 36 38 94*

ULJANOVSK

(**115/E 2**) Die Stadt (640 000 Ew.) liegt an einer breiten Stelle der Wolga. 1648 als Simbirsk gegründet, erhielt sie 1924 – nach dem Tod Vladimir Iljitsch Uljanovs (Lenin), der dort 1870 geboren wurde – ihren jetzigen Namen.

Die günstige Lage an der Wolga verschaffte der Stadt einen raschen Aufschwung als Handelszentrum. Mit der industriellen Entwicklung und dem Bau von Eisenbahnlinien verlor sie jedoch an Bedeutung und war Anfang des 20. Jhs. eine stille Kleinstadt mit hübschen, kleinen Holzbauten sowie gediegenen Häusern des Bürgertums und des Adels im Zentrum, umgeben von einer ärmlichen Vorstadt. Nach der Revolution 1917 entwickelte sich hier auch Industrie, vorwiegend Maschinen- und Fahrzeugbau. Drei Hochschulen und rund 20 Fachschulen kamen hinzu, Theater, Konzertsäle und eine namhafte Bibliothek.

MUSEEN

Gontscharow-Heimatmuseum

Das Gontscharow-Haus wurde 1916 im pseudoorientalischen Stil zu Ehren des hier geborenen Erzählers Iwan Gontscharow (»Oblomow«, 1859) gebaut. Das Museum macht außerdem mit Natur, Geschichte und bedeutenden Persönlichkeiten der Region bekannt. *Bul. Nowy Venez 3/4, tgl. 10–17.30 Uhr*

Kunstmuseum

Es beherbergt Werke russischer Maler des 18. und 19. Jhs sowie anderer europäischer Künstleraus Spanien, Frankreich und den Niederlanden. *Das Museum ist im Gontscharow-Haus untergebracht.*

Lenin-Memorial

★ Das Bauwerk aus weißem Marmor wurde 1970 zum 100. Geburtstag Lenins im Stadtzentrum eingeweiht. In seinem Innenhof steht das Geburtshaus des Revolutionsführers, das die Familie 1870/71 bewohnte. Es wurde als Kult- und Wallfahrtsstätte eingerichtet. In dem Komplex befinden sich ein Museum, ein Konzert- und ein Kinosaal. *Tgl. 10 bis 18 Uhr geöffnet.*

Nahebei *(Ul. Lenina 58)* steht das Lenin-Haus, in dem die Familie Uljanov mit ihren sechs Kindern von 1878 bis 1887 lebte. *Tgl. 10–18 Uhr, außer Di*

RESTAURANT

Das Keller-Café *Pogrebok* ist eher ein Barbetrieb und schließt

Die schön verzierten Holzhäuser finden sich überall in Russland

um 17 Uhr. *Ul. Gontscharova 44, hinter dem Hotel Venets*

HOTEL

Venets
Zentral gelegen. Einzig akzeptables Hotel mit mittlerem Komfort. Restaurant mit russischem Frühstücksbuffet, Bar und Café. *590 Zi., Ul. Sovjetskaja 19, Tel. 8422/39 48 80, Fax 31 20 45*

AM ABEND

Junge Leute treffen sich im *Clubraum des Pionier-Theaters*, wo es auch ein Café gibt, denn hier ist immer was los, *Ul. Marxa 11*. Schauspielhaus, *Ul. Sovjetskaja 8*; Konzertsaal *im Palast der Gewerkschaft, Ul. Marxa 2*; Philharmonie, *Pl. Lenina 5*

ZIEL IN DER UMGEBUNG

Wasserkraftwerk »Lenin« (115/E 2)
★ 150 km flussabwärts von Uljanovsk entfernt liegt der Kuibyschewer Wolga-Stausee mit dem Kraftwerk. Ausflüge mit dem Motorboot sind zu empfehlen.

VOLGOGRAD

(114/C 3) Wohl kaum eine andere Stadt hat eine derart tragische Vergangenheit wie Volgograd. Sie wurde 1589 – 930 km von Moskau entfernt – als Wachfestung Zaryzin am Unterlauf der Wolga errichtet. Schnell entwickelte sie sich wirtschaftlich und zählte im Revolutionsjahr 1917 135 000 Einwohner. Während des Bürgerkrieges 1918–20 fanden in Zaryzin erbitterte Kämpfe statt. Der Ort wurde zum wichtigen Stützpunkt der Revolutionäre. Damit hatte sich die Stadt 1925 den Namen Stalingrad erworben. Zahlreiche Fabriken entstanden, darunter das erste Traktorenwerk, in dem später der legendäre Panzer T-34 produziert wurde. Stalingrad wurde zu einem Wirtschaftszentrum der Sowjetunion.

Die erbitterten Kämpfe im Zweiten Weltkrieg legten die Stadt in Schutt und Asche. Nicht ein einziges Haus blieb erhalten. 160 Tage und Nächte – von August 1942 bis Februar 1943 – dauerte die Schlacht an der Wolga. Dann war die eingekesselte 6. deutsche Armee zur Kapitulation gezwungen. Über 1 Mio. Soldaten hatten ihr Leben verloren. Mit der Schlacht um Stalingrad

Die Straße der Helden erinnert an die Opfer des Krieges

nahm der Krieg seine Wende. Nach Kriegsende wurde die Stadt wieder aufgebaut und völlig neu gestaltet. Heute leben rund 1 Mio. Menschen in Volgograd, das 1961 im Zuge der Entstalinisierung seinen jetzigen Namen erhielt. Zeugen der Vergangenheit – Kirchen und Klöster etwa – sucht man in dieser Stadt also vergebens. Die Gedenkstätten erinnern an die jüngste Geschichte und mahnen, Kriege nie wieder zuzulassen.

BESICHTIGUNG

Mamajew-Kurgan
★ ❂ Nahe dem Zentrum – 3 km nördlich – liegt diese Anhöhe. Sie war 1942 wichtigster Punkt für die Verteidigung von Stalingrad. 1200 Granatsplitter und Munitionsreste, so ermittelten Experten später, sollen sich auf jeden Quadratmeter verteilen. 1967 wurde hier zu Ehren der Gefallenen eine Gedenkstätte errichtet. Dazu gehören die Ruhmeshalle mit dem ewigen Feuer, eine Ruinenwand mit Kampfszenen, ein Platz der Helden und der Platz auf Leben und Tod. Über allem erhebt sich das 52 m hohe Standbild der Mutter Heimat. *3 km vom Zentrum, mit der Elektritschka (Schnellbahn) und mit Bus Nr. 8,9,12,13 zu erreichen*

MUSEEN

Museum der Bildenden Künste
Werke russischer Künstler. Besondere Aufmerksamkeit gebührt den Künstlern der Stadt und der Umgebung. 3000 Werke – zum Teil im Stil des sozialistischen Realismus – wurden hier zusammengetragen. *Pr. Lenina 11, tgl. 11–18 Uhr, außer Mi*

Panorama-Museum
Wer historische Genremalerei liebt, wird vom Rundbild der Schlacht von Stalingrad beeindruckt sein. *Ul. Tschuikova 2, tgl. außer Mo 10-17,30 Uhr*

RESTAURANT

Drakon
Üppiges Angebot an Vorspeisen und Suppen, russische und chinesische Küche. *Pr. Lenina 10*

HOTELS

Intourist
In der Stadtmitte, mit Restaurant und Bar. *99 Zi., Ul. Mira 14, Tel. 8442/36 45 52, Fax 36 16 48*

Oktjabrskaja
Lange Zeit nur für Politprominenz; hervorragendes Essen. *Am Stadtgarten, Gorodskije Sada, Tel. 8442/33 81 20*

AM ABEND

Musikalische Komödie, *Krasnipoterskala Atr. 4*; Puppentheater, *Pr. Lenina 15*; Schauspielhaus Gorkij, *Pl. Pavshik Borzov 5*, Zirkus, *Ul. Krasnosnamensk (täglich Programm)*

ZIEL IN DER UMGEBUNG

Wolga-Don-Kanal **(114/C 3)**
★ ❂ Ein Erlebnis ist eine Fahrt mit einem Kutter oder Tragflügelboot. Der Kanal ist 101 km lang und hat 13 Schleusen. Er verbindet seit 1952 Wolga und Don und verschafft Volgograd damit Zugang zum Schwarzen Meer, zum Asowschen und Weißen Meer sowie zur Ostsee. *Karten im Hotel oder an Schalter 1 bei der Anlegestelle, Verlängerung der Ul. Lenina*

Das ganze Jahr lang ist Saison

Soči ist die »Perle« an der Schwarzmeerküste. Die kaukasischen Mineralbäder sind ein Geheimtipp

Das Reisegebiet Südrussland umfasst die Region südlich von Rostov-na-Donu (Rostow am Don): die Ferienzentren am Schwarzen Meer zwischen Novorossijsk und Soči (Sotschi), die Mineralbäder im Nordkaukasus und die Skigebiete um den 5642 m hohen Elbrus. Die Natur hat diese Region üppig ausgestattet mit fruchtbaren Steppen, ewig eisbedeckten Berggipfeln, subtropischer Flora, heilsamen Quellen und langen Stränden.

Man erreicht Südrussland, den Nordkaukasus und die Schwarzmeerküste mit dem Flugzeug vom Moskauer Inlandflughafen Vnukovo über Rostov-na-Donu nach gut zwei Stunden. Die Bahnfahrt über 1350 km dauert etwa 20 Stunden. Die Anreise mit dem Auto ist mühsam, aber möglich. Und mit dem Schiff schließlich können Sie, aus Marseille, Venedig, Istanbul, Piräus oder dem bulgarischen Hafen Warna kommend, bereits erste Urlaubstage genießen, bevor Sie Soči anlaufen. In den vergangenen Jahren haben sich die politischen Konflikte im Kaukasus, aber auch in Georgien, in Aserbaidschan und Armenien auch auf den Tourismus ausgewirkt.

Faszinierende Berglandschaft: hoch im Kaukasus

Zu den kaukasischen Mineralbädern zählen die Kur- und Badeorte Jessentuki, Kislovodsk, Pjatigorsk und Železnovodsk. Über 130 Mineralquellen mit unterschiedlicher chemischer Zusammensetzung sprudeln hier. Sie sollen Herz- und Kreislaufkrankheiten, Stoffwechselstörungen und Hautkrankheiten heilen.

Mineralnyje Vody heißt das Zentrum, von wo aus die nordkaukasischen Bäder zu erreichen sind. Bereits im 18. Jh. entstanden hier die ersten Bäder, eine Eisenbahnlinie nach Rostov-na-Donu schaffte den Anschluss an die großen russischen Städte. Die Quellen haben ihre Wirkung nicht verloren. Über 70 Sanatorien, Hotels und Erholungsheime stehen in- und ausländischen Besuchern offen. Viele Mineralwässer mit Namen wie »Narsan« oder »Jessentuki Nr. 10« sind in guten Restaurants Russlands bekannt. Das Klima ist gemäßigt kontinental und mild. Die beste Reisezeit sind die Monate September und Oktober.

KISLOVODSK

(114/B 4) ★ Diesen in 850 m Höhe gelegenen Kurort kennt in Russland jedes Kind – für ausländische Touristen ist Kislovodsk, wie die anderen Kaukasus-Mineralbäder, noch ein Geheimtipp. der Ort (114 000 Ew.), 1803 gegründet, ist wurde durch seine Quelle »Narsan« – Kabardinisch für »Trunk der Krieger« – bekannt.

Das Wasser gilt geradezu als Lebenselixier: Man trinkt es, man badet darin oder inhaliert es. Trinkhallen und viele einladende Grünanlagen prägen das Bild der Stadt. Abends trifft man sich in der Disko, in Nachtclubs oder im Casino.

BESICHTIGUNGEN

Narsan-Galerie

Die berühmte Mineralquelle ist von einem historischen Bauwerk umschlossen. Sie sprudelt unter einer Glasglocke. *Tgl. 7–9.30, 10.30–15, 16–19 Uhr*

Park

Der wunderschöne alte Park am Olchovka-Fluss verfügt über eine Lesehalle mit dem poetischen Namen *Chram Wosducha*, »Tempel der Luft«, und ein gleichnamiges Restaurant. Von hier aus blickt man auf die Stadt. *Unterhalb der Narsan-Galerie*

HOTELS

Kavkas

Mittelklassehotel mit Restaurant und Bar. *Pr. Dsershinskowo 24, Tel. 86537/362 35*

Narsan

Neues, komfortables Kurzentrum mit Restaurant, Sauna und Swimmingpool, Solarium, Tennisplätzen; ärztliche Behandlung nach eingehender Diagnose. Westlicher Standard. *205 Zi., 23 Suiten, Ul. Sheljabova, Tel. 86537/ 360 53, 361 97, Fax 597 57*

MARCO POLO TIPPS FÜR SÜDRUSSLAND

1. **Mažesta**
   »Feuriges Wasser« heilt alle Wunden (Seite 77)
2. **Mineralnyje Vody**
   Unter diesem Namen wurden die Mineralbäder Kislovodsk, Jessentuki, Pjatigorsk und Železnovodsk berühmt (Seite 72, 73, 74)
3. **Mont Mashuk bei Pjatigorsk**
   Ein kleines Naturwunder am Mashuk (Seite 73)
4. **Donkosakenmuseum in Novočerkassk**
   Die Kosaken sind gute Reiter (Seite 75)
5. **Rostov-na-Donu**
   Das »Tor zum Kaukasus« öffnen Sie mit dieser Stadt (Seite 74)
6. **Soči**
   Der Kurort am Schwarzen Meer wird mit Nizza und Cannes verglichen (Seite 75)

ZIEL IN DER UMGEBUNG

Jessentuki **(114/B 4)**
★ Zwischen Kislovodsk und Pjatigorsk liegt diese Kleinstadt im weiten Gebirgstal des Podkumok-Flusses. 1827 als Kosaken-Staniza gegründet, wurde sie bald zum Kurort ausgebaut. Die Häuser und die Wandelhallen sind im klassizistischen Stil errichtet. In einem großen Park befinden sich zahlreiche Sanatorien und Erholungsheime.

PJATIGORSK

(114/B 4) ★ Der Ort (133 700 Ew.)ist die »Hauptstadt« der kaukasischen Urlaubs- und Bäderregion. Der Name Pjatgori (fünf Berge) erklärt sich aus dem nahe gelegenen Bergzug. Hier sprudeln die vielfältigsten Quellen: heiße, warme und kalte, mit Schwefel, Kohlensäure oder Eisen, mehr oder weniger radioaktiv zur Behandlung der unterschiedlichsten Krankheiten. Das Institut für Balneologie gilt international als Zentrum der Wirkungsforschung von Heilbädern. Der jung verstorbene russische Dichter Michail Lermontow (1814–1841) verbrachte hier seine letzten Lebensmonate.

BESICHTIGUNGEN

Aeleons Harfe
Der Pavillon taucht seit 100 Jahren in Reiseführern auf. Unter einem mit runden Säulen gehaltenen Dach befindet sich eine Harfe, die bei leichten Winden sacht erklingt – ein Dank der Lebenden an den Gott der Winde Aelus. Mit schöner Aussicht auf die Umgebung. *Am Anstieg zum Berg Mashuk, Bul. Gagarina*

Blumenpark
Beim Spaziergang durch den Zwetnyj-Park, inmitten gepflegter Rabatten, finden Sie das *Theater der Musikalischen Komödie (Ul. Kirova 1)* und stoßen auf die Spuren Lermontows: Zu seinen Ehren wurde die Lermontow-Säulenhalle errichtet (heute darin ein kleines Café). *Mit der Bahn Nr. 4 vom Zentrum, offener Zugang*

Mont Mashuk (Mashuk-Berg)
★ Ein beliebtes Ausflugsziel. Vom bewaldeten Berg (993 m) hat man von mehreren Punkten (gutes Wetter vorausgesetzt) einen wunderschönen Blick auf die schneebedeckten Gipfel des Elbrus (5642 m) hat. Man kann die Aussichtsplattform mit dem Bus Nr. 15 vom Zentrum erreichen. Zu empfehlen ist allerdings ein Fußweg von 40 Min. oder eine Fahrt mit der Seilbahn *(Di–So 10–17 Uhr) ab Ul. Pastuchova.*

RESTAURANT

Café Tals
Preiswerter Imbiss, geschmackvolle Pasteten und Fleischröllchen, zahlreiche heimische Natursäfte. *Ul. Kirova 68*

HOTELS

Beschtau
Mittelklassehotel für Gruppenreisende. *Ul. Bulvarnaja 17, Tel. 87900/996 62, 996 15*

Intourist
Zentral gelegenes, modernes Haus; Zimmer mit Balkon und schöner Aussicht, drei Restaurants und Cafés. *225 Zi., Pl. Lenina 14, Tel. 87900/591 72, 595 60, Fax 595 57*

ZIEL IN DER UMGEBUNG

Železnovodsk **(114/B 4)**
★ Der kleinste und malerischste Kurort mit 28 000 Ew. liegt nahe Pjatigorsk in 650 m Höhe. Hier werden 20 Mineralquellen für die Gesundheit genutzt. In den Sanatorien heilen Schlammpackungen aus dem Großen Tambukan-Salzsee urologische Erkrankungen. Hier sprudelt die einzige heiße Kalziumquelle der Welt.

ROSTOV-NA-DONU

(114/B 2) ★ Die Stadt Rostov-na-Donu (Rostow am Don) liegt am rechten Steilufer des Flusses, knapp 50 km von der Mündung ins Asovsche Meer entfernt. Die 1,3 Mio. Ew. sind vor allem in der Schwerindustrie, im Landmaschinenbau sowie im Schiffsbau tätig. Die über 150 Industriebetriebe keine Rücksicht auf die Umwelt genommen. Das Asovsche Meer gilt heute als ökologisches Katastrophengebiet. In der Region wird Wein angebaut, von hier stammt die Champagnerversion Schiputscheje.

Die Stadt wurde 1749 gegründet – als Zollstation für Waren und zum Schutz der Handelswege. Als 1761 das Zollamt zur Festung ausgebaut wurde, erhielt der Ort Stadtrechte und seinen heutigen Namen zu Ehren des Metropoliten Rostovski. Die günstige Lage beschleunigte die Entwicklung zu einem Umschlagplatz für den Handel mit dem Süden. Kohle, Getreide, Eisenerz und Hölzer verließen den Hafen. Um 1900 waren 30 000 Arbeiter in den Betrieben tätig. Das brachte der Stadt den Namen »Chicago Russlands« ein. Im Zweiten Weltkrieg erlitt Rostov unter deutscher Besatzung schwere Zerstörungen. Nach dem Krieg entstand die Stadt schachbrettartig neu. Das Klima in der Region ist kontinental, mit mäßig kalten Wintern von etwa 7 Grad minus im Januar und langen warmen Sommern mit rund 23 Grad im Juli.

BESICHTIGUNG

Gorkij-Theater
Das 1863 gegründete Theater wurde in den 30er-Jahren im Stil des Konstruktivismus als Schauspielhaus errichtet. Es hat die Form eines Traktors und zählt zu den bekanntesten Sprechbühnen Russlands. Viele Dramen Gorkis wurden hier uraufgeführt. *Pl. Teatralnaja*

MUSEEN

Heimatmuseum
In 18 Räumen dokumentiert das Museum die Geschichte der Region. Beachtenswert sind die Exponate aus dem zweiten vorchristlichen Jh. mit Kultgegenständen der Skythen, einem Reiternomadenvolk, das in die Karpaten eingewandert ist und sich hier niederließ. *Ul. Bolschaja Sadovaja 79, tgl. 9–17 Uhr, außer Mo*

Museum der Bildenden Künste
Hier finden Sie eine reiche Sammlung von Werken russischer Künstler vom 16. Jh. beginnend, darunter Arbeiten des Malers Ilja Repin (1844–1930) und Wassili Surikow (1848–1916) sowie Werke des sozialistischen Realismus. *Bul. Puschkinskaja 115, tgl. 10–18 Uhr, außer Mo*

RESTAURANT

Tscheburetschnaja
Typisch russische Speisen wie Borschtsch-Suppe und Tscheburek. *Pr. Voroschilovski 20, Tel. 8632/ 64 09 78*

HOTELS

Intourist
Gutes Touristenhotel, auch Luxuszimmer, im Zentrum gelegen, umfangreicher Service, zwei Restaurants, Nachtbar, Casino. *278 Zi., Ul. Bolschaja Sadowaja 115, Tel. 8632/65 50 49, Fax 65 90 07*

Moskovskaja
Altes Hotel, völlig umgebaut, gutes Restaurant, hohe Preise. *251 Zi., Ul. Bolschaja Sodowaja 62, Tel. 8632/66 97 80*

ZIELE IN DER UMGEBUNG

Donkosaken-Museum **(114/B 2)**
★ Rund 40 km nördlich der Stadt liegt die alte Kosakensiedlung Novočerkassk, die 1805 Verwaltungszentrum der Donkosaken wurde. Ein 1904 errichtetes Bronzedenkmal auf dem gleichnamigen Platz ehrt den legendären Kosaken Jermak, der 1584 bei der Eroberung Sibiriens durch die Tataren fiel. Das Museum der Kosaken aus dem Jahr 1899 macht mit dem Brauchtum jener seit dem ausgehenden 15. Jh. existierenden Krieger bekannt, die in der russischen Geschichte eine besondere Rolle spielten. *Ul. Atamanskaja 38, tgl. 10–17 Uhr, außer Mo*

Petrovskij Pričal **(114/B 2)**
In dem beliebten Ausflugsort befindet sich das Restaurant *Fregat*, das die Form eines Segelschiffes hat. Neben Café und Bar auch auf eine Sauna. Freundliche Bedienung, hohe Preise. Zudem gibt es die Möglichkeit, einen Ausritt in die schöne Umgebung zu machen. *Am Don und 3 km von Rostov entfernt*

SOČI

(114/A 3) ★ Die »südliche Perle Russlands« wird Soči genannt. Die Stadt (190 000 Ew.) hat sich seit Anfang des letzten Jhs., als die schwefelwasserstoffhaltigen Mineralquellen wegen ihrer Heilwirkung berühmt wurden, einen internationalen Ruf erworben. Für die Russen und ihre Nachbarn ist Soči mit der Region Groß-Soči (145 km entlang der Schwarzmeerküste) das Ferienzentrum Nummer eins: Jährlich verbringen über drei Mio. Menschen hier ihren Urlaub. Die Weite des Strandes und das Hinterland lassen dabei keine Platzangst aufkommen. Das Klima ist subtropisch geprägt. Im Sommer liegen die Temperaturen bei rund 22 Grad, am Abend weht eine kühle Brise. Gegen die Winde aus dem Norden schützt der Kaukasus. Nur an wenigen Tagen im Winter fällt Schnee. Die Badesaison reicht von Mai bis Ende Oktober. Die Kurorte empfangen das ganze Jahr über ihre Gäste. Dem Wasser des Schwarzen Meeres werden ebenfalls Heilwirkungen zugeschrieben. Seine durchschnittliche Tiefe beträgt über 1000 m. Dabei nimmt der Salzgehalt mit der Tiefe zu, in größeren Tiefen kommt Schwefelwasserstoff hinzu.

Soči selbst ist ein einziger Park, über 80 Prozent des Stadtgebietes

Die Blüten und Bauten des Dendrariums in Soči sind eine Ruheoase

sind fast das ganze Jahr über grün. Die Stadt, die sich als schmaler Streifen fast 15 km an der Küste entlangzieht, bietet ein breites Programm: Man kann tauchen, unter Wasser jagen, Wasserski laufen und Boot fahren. Die Berge rund um Soči sind ein gut erschlossenes Wandergebiet.

Nightlife ist angesagt: Manche Restaurants schließen erst gegen zwei Uhr morgens, Nachtlokale präsentieren Striptease, im Spielcasino (im Keller des Theaters) drängen sich die »neuen« Russen um die Roulettetische.

BESICHTIGUNGEN

Dendrarium

In diesem botanischen Garten aus dem 19. Jh. gibt es eine einzigartige Sammlung von über 1600 subtropischen Gewächsen, durchsetzt mit Bächen und Teichen. Alleen, Springbrunnen und Bänke laden zum Schlendern, Schauen und Ausruhen ein. Eine Seilbahn führt nach oben. *Kurortny Pr., tgl. außer So 10–17 Uhr*

Riviera-Park

Über die Uferpromenade, die mit Kastanien, Zypressen, Palmen und Magnolien bewachsen ist, erreicht man diesen Park. Eine Sehenswürdigkeit ist die Allee der Schriftsteller mit Büsten klassischer und zeitgenössischer Dichter des Landes. *Am Ende der Uferpromenade, tgl. geöffnet*

EINKAUFEN

Im Souvenirgeschäft *Gschel* (russisches Porzellan) kann man Samoware, Schatullen, Leuchter kaufen. *Kurortny Pr. 29*

HOTELS

Kamelija

Hotelkomplex der gehobenen Mittelklasse. Bewachter Parkplatz, Restaurant, Bar. *180 Zi., Kurortny Pr. 91, Tel. 8622/299 02 92*

Radisson Lazurnaja
Das modernste Hotel an der Schwarzmeerküste, vier Sterne, zwei Restaurants, Cocktailbar in der 16. Etage. *300 Zi., Kurortny Pr. 103, Tel. 8622/97 45 77, 97 59 74, Fax 956 17 04*

Shemtshushina
Perle lautet die Übersetzung des Hotels direkt am Meer; Restaurants, Bars, hoteleigener Strand, Freibad. *975 Zi., Ul. Černomorskaja 3, Tel. 8622/92 43 55*

AM ABEND

Staatstheater
Bekannt für Gastspiele in- und ausländischer Theater. *Ul. Teatralnaja 2, direkt am Hotel Shemtshushina, Tel. 8622/99 77 06*

ZIELE IN DER UMGEBUNG

Bolschoj Achun **(114/A 3)**
In zwei Wanderstunden erreichen Sie – vorbei an malerischen Berghängen – die 663 m hoch gelegene Bergkuppe Bolschoj Achun. Vom Aussichtsturm genießen Sie den Blick auf das tiefblaue Schwarze Meer und den kaukasischen Hochkamm. Ein kleines *Restaurant* bietet kaukasische und russische Gerichte an.

Dagomys **(114/A 3)**
20 km nördlich vom Zentrum liegt die Ferienanlage mit den Hotels *Dagomys, Olympijskaja, Meridian.* Eine Promenade mit Ruhezonen durchzieht das riesige Grundstück, das mit Oleander, Zypressen und Rosen bewachsen ist. Eine kleine Stadt für sich. *Ul. Leningradskaja 7, Tel. 8622/32 11 00, Fax 32 14 95*

Krasnaja Poljana **(114/A 3)**
Die Ortschaft, 85 km östlich von Soči, liegt 600 m über dem Meeresspiegel inmitten zahlreicher Mineralquellen und Ruinen altertümlicher Festungen. Im Sommer ist das Tal mit einem Blumenteppich bedeckt, im Winter eingehüllt in Schnee. In einem kleinen *Museum* gibt es eine Mineraliensammlung.

Mažesta **(114/A 3)**
★ Nach dem gleichnamigen Fluss ist dieses Heilbad 8 km südöstlich von Soči benannt. Die Heilkraft seines Wassers – Mažesta heißt auf Abchasisch »feuriges Wasser« – hat viele Sanatorien entstehen lassen. Die 20 bis 45 Grad warmen schwefelwasserstoffhaltigen Quellen sind seit Jahrhunderten bekannt und haben den Ruf Sočis begründet.

Freundschaftsbaum

Vor einem halben Jahrhundert pflanzte der Züchter Fjodor Sorin im botanischen Garten von Soči einen Baum, auf dessen Zweige er verschiedene tropische und subtropische Reiser pfropfte. Heute wachsen an diesem Unikum japanische Mandarinen, italienische Zitronen, südamerikanische Pampelmusen und andere Zitrusfrüchte. Man nennt ihn daher den »Baum der Freundschaft«. Prominente haben ihre Namen in seiner Rinde verewigt, so der mexikanische Maler David Alfaro Siqueiros und der französische Dichter Jean Bruller unter seinem Pseudonym Vercors.

100 Kilometer sind keine Entfernung

Unberührte Taiga und gigantische Städte ergeben einen widersprüchlichen Reiz

Sibirien und den Fernen Osten erschließt sich der aus Europa kommende Reisende am besten von Irkutsk aus. Mit dem Flugzeug vom Moskauer Inlandflughafen Domodedovo aus erreicht man die 4750 km entfernte Stadt nach sechs Stunden. Inzwischen bieten Lufthansa und Aeroflot Direktflüge von Frankfurt nach Novosibirsk an. Über fünf Zeitzonen hinweg fliegt man der Sonne entgegen. Mit der Transsibirischen Eisenbahn müssen Sie sich schon auf eine kleine Weltreise einlassen. Vom Jaroslavler Bahnhof in Moskau aus fährt die Lok nach 87 Stunden oder 5191 km im Irkutsker Bahnhof ein. Mit dem Auto geht die Fahrt über Nižnij Novgorod, Kazan Čelabinsk, Kurgan, Omsk, Novosibirsk und Krasnojarsk. Eine nicht ganz risikofreie Tour, die in die Kategorie Abenteuerreisen fällt. Die Straßen sind teils zermürbend, und in der Nähe von Großstädten versperrt der LKW-Verkehr eine zügige Fahrt.

Am Rande des Baikalsees stehen noch einige Häuschen, danach beginnt die unendliche Taiga

Sibirien – was verbindet sich nicht alles mit diesem Wort? Das Gebiet zwischen Ural und Pazifik – tatarisch »schlafendes Land« – blieb jahrtausendelang unberührt. Und auch heute noch gibt es viele Flecken, die kein menschlicher Fuß je betreten hat. Tataren, Burjaten, Jakuten und Tungusen lebten auf dem riesigen Territorium, bis die Russen begannen, den »steinernen Gürtel« – die Weiten hinter dem Ural – zu erkunden, und nach Osten vordrangen. Ein Häuflein kühner Kosaken unter Führung des Hauptmanns (Hetman) Jermak Timofejewitsch gilt als eigentliche Eroberer Sibiriens. Das war 1581. Die Reichtümer der Taiga, allen voran die Pelztiere, lockten die Kosaken an. Die Eroberung folgte dem Lauf der Flüsse. Die Nebenarme der sibirischen Flüsse verlaufen von Westen nach Osten und kommen am Oberlauf einander ziemlich nahe.

Nach den Kosaken kamen die zaristischen Woiwoden – oberste Beamte – und Lehnsleute, zwangen die Völkerschaften zu Abgaben – Zobel-, Eichhörnchen- oder Fuchsfelle –, errichteten feste Siedlungen an den Flussläu-

MARCO POLO TIPPS FÜR SIBIRIEN UND DEN FERNEN OSTEN

1 Staudamm bei Bratsk
Ein Beispiel für die Gigantomanie im früheren Sozialismus (Seite 81)

2 Heimatkundemuseum in Irkutsk
Im ältesten Museum Sibiriens finden Sie den Schlüssel zum Verständnis der Region (Seite 85)

3 Bahnhof in Novosibirsk
Der größte Bahnhof Russlands ist ein Treffpunkt vieler Nationalitäten (Seite 86)

4 Wanderung ab Hotel »Baikal«
Bei einer Wanderung in der Taiga spüren Sie den Goldsuchern nach (Seite 85)

fen *(Ostrogs)* und gründeten Zarendörfer, in denen sich Russen niederließen.

»Ab nach Sibirien« wurde schon Ende des 16. Jhs. zu einem festen Begriff. Politische Gegner des zaristischen Regimes wurden für Jahre oder gar lebenslänglich in die Verbannung geschickt. Das galt nicht nur für die Menschen. Einmal wurde die Glocke der Stadt Uglič bei Jaroslavl »verbannt«, weil sie 1591 nach der Ermordung des Zarewitsch Dimitrij geläutet und sich den Zorn des Herrscherhauses zugezogen hatte. Sie wurde gemeinsam mit Einwohnern der Stadt nach Tobolsk abtransportiert. Erst 300 Jahre später konnte sie zurückkehren.

Jahrhundertelang gab es geradezu Massendeportationen: Adelige des Dezemberaufstandes von 1825 (Dekabristen), Schriftsteller, Sozialrevolutionäre und Bolschewiki. Wegen seiner Weite und Unwegsamkeit kam Sibirien einem Gefängnis gleich. An Eisenbahnknotenpunkten entstanden Haftanstalten, um 1900 zählte man 287 000 Staatsverbrecher. Vor allem im Zuge der Zwangskollektivierung und Stalins Säuberungsaktionen wurden Millionen politischer Gegner in die Arbeitslager geschickt, viele kamen dort um.

Sibirien ist aber auch ursprüngliche Natur mit fast unermesslichen Reichtümern: Gold, Zinn Uran und Öl, ein Land voller Geheimnisse und Rätsel. Sibirien bedeutet 12,8 Mio. km^2 Landmasse mit nur 25 Mio. Menschen. Das Land ist reich an Brennstoff- und anderen Energievorkommen, Erzen, nichtmetallischen Bodenschätzen, gewaltigen Wasserläufen und 770 Mio. ha Wald. Königin der Taiga ist die Lärche, daneben wachsen Tannen, Birken und Pappeln. Steppe, Taiga und Tundra bieten dem Reisenden viel Abwechslung.

Wer Sibirien im Winter besucht, braucht vor allem warme, gut isolierende Kleidung und gefütterte Stiefel. Im Januar sinkt die Quecksilbersäule auf bis zu 50 Grad minus. Im Frühjahr und

Spätherbst benötigt man einen gefütterten Anorak und wasserdichtes Schuhwerk. Die Sommer sind kurz und heiß, dennoch empfehlen sich ein Pullover, Regenmantel und unbedingt ein Mückenschutz.

Das Lebensgefühl in Sibirien beschreibt ein altes Sprichwort: Hundert Rubel sind kein Geld, hundert Jahre kein Alter und hundert Kilometer keine Entfernung.

BRATSK

(118/C4) Die Stadt am Oberlauf des Angara-Flusses gehört zum Verwaltungsbezirk Irkutsk, wenn auch 650 km entfernt. Bratsk mit 280 000 Ew. ist jung und ein typisches Beispiel für die Erschließung Sibiriens, die gigantische wirtschaftliche Entwicklung einerseits und den Raubbau an der Natur andererseits. Mehrere Wasserkraftwerke, ein riesiges Holzkombinat und ein Aluminiumwerk sind hier entstanden.

1631 errichteten Kosaken und Forschungsreisende zunächst eine hölzerne Festung, um von hier aus Expeditionen ins weite Land zu unternehmen. Lange galt der Ort als das Ende der bekannten Welt, denn jeder Schritt nach Norden oder Osten bedeutete Neuland. Erst 1955 erwachte die Siedlung und wurde zur Stadt, als nach den ersten Freiwilligen gezielt weitere Arbeiter angesiedelt wurden.

Die Stadt selbst hat kaum touristische Sehenswürdigkeiten zu bieten. Die vielen, die Umwelt stark belastenden Industrieanlagen sind für Besucher eher abschreckend. Hauptanziehungspunkt ist das nahe gelegene riesige Kraftwerk.

MUSEUM

Heimatmuseum
Die Ausstellung dokumentiert die Erschließung der Region und den Pflanzen- und Tierreichtum, aber auch das industrielle Wachstum der Stadt. *Ul. Komsomolskaja 38, tgl. 10–18 Uhr*

HOTELS

Bratsk
Nicht alle Räume sind mit Bad ausgestattet. Es gibt ein Restaurant und ein Dachcafé. *Ul. Deputatskaja 32, Tel. 3953/44 46 44*

Taiga
Von Intourist geführt; sibirisches Restaurant mit russischem Bier und lauter Musik. *90 Zi., Ul. Mira 35, Tel. 3953/44 40 00, Fax 43 13 81*

ZIELE IN DER UMGEBUNG

Angara-Dorf **(118/C4)**
Am Rand der Taiga liegt die kleine Siedlung von Holzhäusern, Speichern, einer Kirche und einem Holzturm aus dem 17. Jh. – Teil der früheren Festung –, die dem Stausee zum Opfer gefallen war und hier wieder errichtet wurde. Angegliedert ist ein *Freilichtmuseum der Ewenken*, der frühen Einwohner. In den dort zu besichtigenden Pfahlbauten wurden einst Lebensmittel und Jagdbeute aufbewahrt. *18 km vom Stadtzentrum entfernt in Richtung Norden, im Sommer geöffnet 10–17 Uhr, außer Mo*

Staudamm **(118/C4)**
★ Das Wasserkraftwerk ist seit 1961 in Betrieb, gehört zu den größten der Welt und ist ein Bei-

Ein Loch im Eis

Die Russen sind wahre Wasserfreunde – zu jeder Jahreszeit. Wenn im Winter der Frost eine dicke Eisschicht über Seen und Flüsse zieht, wird kurzerhand ein Loch gehackt. Das tun die *Morshi*, die Eisbader, auch Walrösser genannt. Eine solche Zeremonie ist oft ein kleines Volksfest mit mehr zitternden Zuschauern als Wagemutigen. Dazu gibt es am Ufer dampfenden Tee und heiße Suppen. Weniger spektakulär gehen die passionierten Angler zu Werk. Dick vermummt, harren sie oft stundenlang an einem Eisloch aus und warten auf die Beute. Ist das Eis dick genug, dann entzünden sie hie und da schon mal ein kleines Feuerchen. Ein Schluck aus der Wodkaflasche wärmt dazu von innen.

spiel für die frühere Gigantomanie der Sowjetunion. Bis heute kann es lediglich zu 50 Prozent genutzt werden, weil nicht genügend Bedarf an Strom besteht. Der Damm ist 5 km lang und 127 m hoch. Der aufgestaute See reicht über 500 km weit den Angara-Fluss aufwärts. Der Bratsker Stausee hat sich zu einem beliebten Ferienziel entwickelt: An seinen Buchten liegen Ferienheime, Campingplätze, Sport- und Jugendherbergen. Das »große Meer in der Taiga« lädt an vielen Stellen zum Baden ein. *Mit dem Bus Nr. 7 nach Norden vom Hotel Bratsk und vom Hotel Taiga aus, Fahrzeit 45 Min.*

CHABAROVSK

(121 / D 4) Die 600 000-Einwohner-Stadt dehnt sich über eine Länge von 50 km am rechten Ufer des Amur aus. 1858 als militärischer Vorposten angelegt und später zum Verkehrsknotenpunkt ausgebaut, ist Chabarovsk heute ein Transitzentrum zwischen Europa und Mittelasien auf der einen und China und Japan auf der anderen Seite. Besonders auffällig im Straßenbild ist die Vielzahl an Japanern, die heute – anders als während des Bürgerkrieges – in friedlicher Absicht als Touristen kommen. Die »Hauptstadt des Fernen Ostens« liegt gerade 22 km von der chinesischen Grenze entfernt und ist nach dem russischen Forschungsreisenden Jerofej Chabarov benannt, der Mitte des 17. Jhs. hier ankam.

Mit dem Flugzeug erreichen Sie Chabarovsk von Moskau aus nach knapp acht Stunden Flugzeit (6980 km).

BESICHTIGUNG

Arboretum

12 ha große Parkanlage, mehr als tausend Arten sibirischer Pflanzen, Sträucher und Bäume. Von einer Plattform auf dem Amur-Felsen herrliche Aussicht über den Amur in die Weiten der Taiga. *Ul. Volochajevskaja 71, tgl. 9–18 Uhr*

MUSEEN

Heimatmuseum

Das 1894 gegründete Museum dokumentiert die Geschichte der Korjaken, Ewenken und anderer Völker der Region. Von hier aus haben Sie eine prächtige Aussicht auf den Zusammenfluss von Amur und Ussuri. *Ul. Schevtschenko 11, tgl. 10–18 Uhr, außer Mo*

RESTAURANTS

Harbin
Mit rotem und weißem Saal sowie bester chinesischer Küche. *Ul. Volotschevskaja 118, Tel. 4212/ 33 13 56*

Okean
Gute Fischgerichte, zu empfehlen: *Ucha* – schmackhafte Fischsuppe. *Ul. Lenina, Tel. 4212/ 33 16 11*

HOTELS

Intourist
Gutes Mittelklassehotel, Restaurant mit russischer und das »Unihab« mit japanischer Küche. Nachtbar, Varieté, ruhige Lage. *263 Zi., Amurskiy Bul. 2, Tel. 4212/39 93 13, Fax 33 87 74*

Sapporo
Klein, aber fein. Treff von Geschäftsleuten. *19 Zi., Ul. Komsomolskaja 79, Tel. 4212/22 67 45, Fax 22 60 75*

EINKAUFEN

Alles Erforderliche für eine Taiga-Wanderung finden Sie auf dem *täglich stattfindenden Zentralmarkt*, selbst die sonst nirgends erhältlichen frischen Früchte. *Amurskij Bul.*

AM ABEND

Die Theater bieten ein vielfältiges Programm, das stark von japanischem Einfluss geprägt ist: Maxim-Gorki-Theater *(Ul. Dzerzinskovo 44),* Kinder- und Jugendtheater *(Ul. Muravjova-Amurskowo 10/12),* Pantomimentheater Triada *(Ul. Lenina 27),* Operettentheater *(Ul. Karla Marksa 64,* spielt u.a. Cats)

IRKUTSK

(118–119/C–D 5) Die Stadt mit 635 000 Ew. gilt als Hauptstadt Ostsibiriens. Irkutsk präsentiert sich heute als Zentrum für Industrie, Wissenschaft und Kultur. Das ganze Jahr über ist ein Besuch in der Stadt zu empfehlen – doch besonders schön ist Irkutsk im Winter.

Die Stadt liegt an der Mündung des Flüsschens Iskut in die Angara und ist nur 65 km vom Baikalsee entfernt. 1661 wurde an dieser geografisch günstigen Stelle eine Kosakenfestung errichtet – guter Boden für Ackerbau, ausreichend Wasser und reiche Jagdgebiete lockten die Russen. Rasch entwickelte sich der Handel mit China und der Mongolei. Die begehrten Zobelfelle wurden gern in Vladimir und Moskau getragen. Heute geht der Export vom Sammelplatz Irkutsk aus zu den Versteigerungen in St. Petersburg, Leipzig und London. Ende des 17. Jhs. gab es 1000 Ew., Kosaken, Handwerker, Kaufleute, Bauern, Verbannte – und einen Henker. 1886 erhielt Irkutsk die Stadtrechte. Der Ort hatte berühmte Jahrmärkte, wo sich russische und ausländische Kaufleute trafen. Durch den Bau der Transsibirischen Eisenbahn erlebte er einen weiteren Aufschwung. Nach dem Revolutionsjahr 1917 war Irkutsk heftig umkämpft, ehe sich die Macht der Bolschewiki festigte. Im so genannten Paris Sibiriens sind viele Gebäude aus der Blütezeit erhalten, darunter die Residenz des Goldhändlers Vtorov (19. Jh.).

BESICHTIGUNGEN

Erlöserkirche

Die 1706 im Barockstil errichtete Kirche mit Glockenturm ist immer noch Museum mit wechselnden Ausstellungen. Bemerkenswert ein Triptychon über die Christianisierung der burjatischen Ureinwohner. *Ul. Suche Batora 2, Mi–Mo 10–18 Uhr*

Kreuzkirche

Zwei Zwiebeltürme zieren den Bau aus der Mitte des 18. Jhs. Hier finden wieder regelmäßig Gottesdienste statt. *Ecke Ul. Sedowa und Ul. Timirjasewa*

Weißes Haus

Die ehemalige Residenz des Generalgouverneurs aus dem 18. Jh., errichtet im russischen Empirestil, beherbergt heute die Stadt- und Universitätsbibliothek mit drei Mio. Bänden und Manuskripten. Hier befindet sich auch ein Teil des *Historischen Museums. Ul. Gagarina 24, tgl. 10–18 Uhr*

MUSEEN

Dekabristen-Museum

Das Museum ist im Haus von Sergej Trubezkoi, einem der Führer des Adelsaufstandes vom Dezember 1825, untergebracht. Zu sehen

In der Einkaufsstraße zeigt sich das geschäftstüchtige Irkutsk

ist eine einmalige Sammlung von Aufsätzen und Briefen der Männer, die nach der Niederschlagung des Aufstandes lebenslänglich verbannt worden waren. *Ul. Arsenalskaja 64, tgl. 10–18 Uhr, außer Mo*

Heimatkundemuseum

★ In diesem im maurischen Stil errichteten Gebäude wurde vor über 200 Jahren das erste Museum Sibiriens eröffnet. Hier werden frühgeschichtliche Exponate gezeigt. Der Besucher erfährt von den ersten Reisenden, die das Land zwischen Ural und Pazifik erschlossen. *Ul. Marxa 2, tgl. 10 bis 18 Uhr, außer Mo*

RESTAURANTS

Café Karlson

Gehobene russische Küche, frische Salate, *pelmeni,* moderate Preise. *Ul. Lenina 15, Tel. 333097*

Dom Kuzneca

Das Haus des Schmieds ist ein Geheimtipp. Gemütliche Atmosphäre und gute sibirische Küche, Service okay, günstige Preise. *Ul. Dzerzinskovo 36*

Neijmengu

Chinesische Köche zaubern erstklassige Menüs. *Ul. Pjatoj Armii 67*

HOTELS

Angara

Das Hotel verfügt über ein Restaurant. *300 Zi., Ul. Suche Batora 7, Tel. 3952/29 34 51, 25 51 06*

Baikal Bisnes Centr

1997 gebaut, westlicher Standard, guter Service. *58 Zi., Ul. Baikalskaja 279, Tel. 3952/ 35 09 22, Fax 35 09 23*

Irkutsk

Drei Restaurants, europäisch, russisch und chinesisch: Bar, Café, Teestube. *247 Zi., Bul. Gagarina 44, Tel. 3952/29 01 57, Fax 29 03 14*

ZIEL IN DER UMGEBUNG

Baikalsee **(119/D 4–5)**

Eine gute Autostraße führt von Irkutsk nach *Listwjanka* (65 km), einer Siedlung von Fischern und Schiffsbauern. Im Sommer kann man mit einem Tragflügelboot auf der Angara hier anlegen.

Von der Anhöhe des *Hotels Baikal* eröffnet sich ein malerischer Blick auf einen der ältesten Seen der Erde. Der Baikalsee – über 20 Mio. Jahre alt – ist 636 km lang, an der breitesten Stelle misst er 80 km, und mit bis zu 1700 m Tiefe ist er der tiefste See der Erde. Über 500 Flüsse und Gletscherbäche münden in den See, der nur einen Abfluss hat, den Angara-Fluss.

★ Intourist bietet vom *Hotel Baikal (in Listwjanka direkt am See, 51 Zi., Tel. 3952/29 01 57)* aus eine 7-Tage-Wanderung an. Zum Training wird zunächst der *Čerski-Berg* bestiegen, dann folgt eine 30-km-Strecke durch kaum berührte Taiga in die ehemalige Goldsuchersiedlung *Bolschije Koty*, heute eine Forschungsstation. Danach geht es mit dem Motorboot nach *Kadilnaja Pad.* Dort führen erfahrene Jäger die Gruppe durch den »sibirischen Dschungel«. Übernachtet wird in zwei Jagdhäusern mit sibirischer Sauna.

NOVOSIBIRSK

(117/E 4) Novosibirsk ist eine junge Stadt. Der Ort entstand, als für die Transsibirische Eisenbahn eine Brücke über den Fluss Ob gebaut wurde. Das war 1893. Bis 1924 hieß die Stadt noch Novonikolajevsk – nach dem letzten Zaren. Seit der Jahrhundertwende entwickelte sich der Ort zu einem bedeutenden Industrie- und Handelszentrum mit heute 1,5 Mio. Ew. Von der Flächenausdehnung ist sie die drittgrößte Stadt Russlands und bietet ein anschauliches Beispiel für die monumentale Stadtgestaltung mit breiten Straßen und riesigen Plätzen: Die Hauptstraße, der Krasny Prospekt, ist 10 km lang.

Novosibirsk gilt als das Herz Sibiriens. Die Stadt ist ein industrielles, wissenschaftliches und kulturelles Zentrum. Der Abbau der nahe gelegenen Kohlevorkommen ist einer der Hauptindustriezweige. Außerdem gibt es Dutzende von Großbetrieben mit Maschinenbau, Leicht- und Nahrungsmittelindustrie sowie Chemiewerke, 13 Hochschulen, ein Konservatorium, eine Universität und mehrere Theater.

BESICHTIGUNGEN

Bahnhof

★ Der Bahnhof (1930–41 gebaut) ist der größte seiner Art in Russland und hat die Form einer gigantischen Lokomotive. Ein Knotenpunkt für Reisende, die mit der Transsib oder der Turkestan-Sibirischen Eisenbahn unterwegs sind. *Voksalnaja Magistral*

Gemäldegalerie

Hier findet sich eine umfangreiche Sammlung russischer Malerei des 19. Jhs. Bekannt wurde die Galerie mit 60 Gemälden des russischen Malers Nikolai Roerich (1874–1947), die er der Galerie gestiftet hat. *Krasny Pr. 5, tgl. 11–19 Uhr, außer Di*

MUSEUM

Heimatmuseum

Die Dokumente und Fundstücke machen mit der historischen und ethnografischen Entwicklung Westsibiriens sowie mit Flora und Fauna bekannt. Im Mittelpunkt steht ein vollständig erhaltenes Skelett eines Mammuts, das 1939 gefunden wurde. Das Tier soll vor 20 000 Jahren in der Region gelebt haben. Thema ist auch der Bau der Transsibirischen Eisenbahn. *Krasny Pr. 23, tgl. 11–19 Uhr, außer Mo*

RESTAURANTS

Dom Aktjora

Künstlertreff, Tanz- und Showprogramm, allerlei Snacks und Hochprozentiges. *Ul. Serebrjannikovskaja 35*

Vostok

Bestes und teuerstes Restaurant, russische und europäische Speisen, auch Weine im Angebot. *Ul. Bogdana Chmelnitzkovo 42, Tel. 0832/76 49 19*

HOTELS

Ob

Älteres Hotel, zwei Restaurants, Bars, Cafés. *230 Zi., Ul. Dobroljubova 2, Tel. 3832/66 74 59*

Sibir

Bestes Hotel der Stadt, drei Restaurants, Nachtbar, Sauna, russische, sibirische, europäische Küche. *281 Zi., Ul. Lenina 21, Tel. 3832/23 12 15, 23 45 00*

ZIEL IN DER UMGEBUNG

Akademgorodok **(117/E 4)**
Das Akademikerstädtchen liegt in der Taiga am Ufer des *Obsker Meeres*, eines Stausees. Hier haben einst Tausende Wissenschaftler an Großprojekten für die Umgestaltung Sibiriens und die Nutzung seiner Reichtümer gearbeitet. Die Pläne für Projekte lagen zwar vor, aber die Realität ... In den letzten Jahren ist deshalb mit Recht die Frage nach der Effektivität solcher Wissenschaftszentren gestellt worden. Im *Museum für Steinkunde (Ul. Universiteta 3, Tel. Anmeldung 35 49 37)* erhalten Sie einen Überblick über die umfangreichen Bodenschätze Sibiriens (Kohle, Schwefel, Eisenerz, Wolfram) und können als Souvenir einen ungeschliffenen Lapislazuli, Nefrit oder Jade erwerben. *Am Ufer des Obsker Meeres*

Funde der Vor- und Frühgeschichte und eine ethnografische Sammlung zeigt das *Freilichtmuseum (tgl. außer Fr)* am Stadtrand. An das Museum schließt sich ein botanischer Garten an, der einen Spaziergang lohnt.

Sibirien bedeutet nicht immer Eis und Schnee: Der Ob lädt zum Baden

Nicht einmal ein Vogel weiß, wo die Taiga endet

Die hier beschriebenen Routen sind in der Übersichtskarte im vorderen Umschlag und im Atlas ab Seite 112 grün markiert

① AUF DEM JENISSEJ BIS ZUM EISMEER

Vom Deck eines Schiffes auf der Wolga, Lena oder der Newa zeigt sich der Zauber dieses weiten, unübersehbaren Landes auf besondere Art und Weise. Reisebüros bieten unterschiedliche Touren an, die meist zwischen 12 und 14 Tagen dauern. Eine besonders attraktive Tour ist eine Fahrt auf dem Jenissej durch Taiga und Tundra *Sibiriens (S. 79)*, die fast bis ans Eismeer führt. Noch vor wenigen Jahren war diese Region für den Tourismus unzugänglich. In den Jahren der Sowjetmacht bargen hier in zahlreichen Arbeitslagern Menschen unter härtesten Bedingungen Gold und andere Bodenschätze. Ganz in der Nähe lagen wichtige Atomanlagen.

Heute bringt Sie eines der komfortabelsten Flussschiffe, die »Anton Tschechow«, über den mächtigen Strom. Sie ist nach modernsten Gesichtspunkten in Österreich gebaut und verfügt nur über Außenkabinen mit Dusche, WC und Klimaanlage. Außerdem steht ein Hallenbad mit Sauna zur Verfügung. Eine Reise auf dem Jenissej können Sie nur in der Navigationsperiode – zwischen Juni und September – buchen. Pro Person kostet die Tour zwischen 1100 und 1500 Euro, inklusive Flug, Kabine, allen Mahlzeiten und Stadtführungen. Von Deutschland aus fliegen Sie nach Moskau und von dort noch einmal ca. 4,5 Stunden nach Krasnojarsk.

Krasnojarsk – 1628 am Jenissej gegründet – ist eine der letzten russischen Städte, die sich für ausländische Touristen geöffnet hat. Bemerkenswert sind die *Pokrovskij-Kirche (Ecke Pr. Mira, Ul. Surikova)*, und der Museumsdampfer *St. Nikolaij* am Jenissejufer. Mit diesem Schiff soll Lenin ins Exil nach Minussinsk/Schuschenskoje gebracht worden sein. Krasnojarsk ist eine Industriestadt (etwa 800 000 Ew.), die am Stadtrand eine riesige *Staumauer* mit dem größten *Schiffshebewerk* der Welt zu bieten hat. Nach einer Stadtrundfahrt beginnt dann auf der »Anton Tschechow« die Faszination Jenissej, der sich 3487 km durch Sibirien schlängelt, von denen Sie mehr als 2000 km mit dabei sein können. Die Zahl der Landgänge variiert von Anbieter zu Anbieter. Angelaufen werden meist folgende Städte:

Mit seinen hübschen sibirischen Holzhäuschen strahlt das Städtchen *Jenisseijsk* (23 000 Ew.), dem der große Strom seinen Namen gab, viel Atmosphäre aus. Sehenswert ist eine Festungssiedlung *(Ostrog)*, die 1618 von Kosaken gegründet wurde.

In *Vorogovo* haben Sie den Eindruck, hier sei die Zeit stehen geblieben. Sie befinden sich in einer uralten sibirischen Kosakensiedlung, und im *Heimatmuseum* erfahren Sie interessante Einzelheiten über das Leben der Kosaken zur Zeit der Besiedlung am Jenissej. Ab Vorogovo befahren Sie dann einen der schönsten Flussabschnitte. Am Ort *Schekje* vorbei erreichen Sie gegen Abend *Kosma.* Hier atmen Sie Taigaluft pur. Vielleicht erspähen Sie sogar Bären, Füchse oder andere Taigabewohner. Auf jeden Fall sollten Sie in einem Restaurant am Ufer die landestypische Fischsuppe *(Ucha)* probieren.

Ein besonderes Erlebnis erwartet Sie bei *Kureijka:* Sie überqueren den Polarkreis, und das wird an Bord mit einem zünftigen »Neptunfest« gefeiert.

In *Igarka* (17 000 Ew.) befindet sich das *Institut für Bodenkunde.* Sie erfahren dort einiges über die Probleme des Lebens auf ewig gefrorenem Eisboden.

Sie nähern sich nun immer mehr dem Eismeer und begrüßen *Dudinka,* wo neben den Russen Ewenken, Dolganen und Nenzen leben. 1667 von pomorischen Jägern gegründet, ist Dudinka heute eine gut ausgebaute Stadt (32 000 Ew.) mit einem großen *Fluss- und Seehafen.* In einem *Museum* können Sie sich über die Völker des Nordens informieren, und ein *Folkloreprogramm* macht Sie mit der Kultur eines dieser Völker vertraut.

Letzte Station ist der Ort *Ust Port,* der 40 Wochen im Jahr Winterschlaf hält. Wenn Sie ankommen, ist er voll da, zeigt die spröden Schönheiten der unberührten Natur, seine Sümpfe und Teiche, riesige gut geschützte Lebensräume. Von *Norilsk* fliegen Sie dann nach Moskau zurück.

② MIT DER TRANSSIB NACH IRKUTSK

Ein Erlebnis, ja Abenteuer besonderer Art ist die Fahrt mit der Transsibirischen Eisenbahn *(S. 18)*. Noch immer gehört sie zu den Reiseklassikern, und vor allem für junge Leute gilt diese Route heute als Geheimtipp. Das Leben und Treiben auf der Strecke – russischer Alltag pur – muss man erlebt und die Landschaft in ihrer endlosen Weite genossen haben. Die Reise auf dieser längsten Eisenbahnstrecke der Welt – für die 9296 km von Moskau bis Vladivostok braucht der Zug 158 Stunden – steht nach wie vor im Guinness-Buch der Rekorde. 360 Großstädte, Städte, Dörfer und Siedlungen werden »überrollt«.

Wir schlagen Ihnen hier eine besonders attraktive Teilstrecke vor: von Novosibirsk nach Irkutsk, mit dem Zug Nr. 8, »Sibir«. Es ist eine Fahrt über 1848 km mit einer Reisedauer von 32 Stunden. Novosibirsk wird von der russischen Fluggesellschaft Transaero zweimal wöchentlich direkt von Frankfurt aus angeflogen (mit Boeing).

Nach der Übernachtung in *Novosibirsk (S. 85)* treten Sie Ihre Reise am Hauptbahnhof *(Voksalnyi Magistral)* an. Ihr Zug, die Nr. 8, der »Sibir«, fährt um 16.56 Uhr ab – Moskauer Zeit, denn auf der gesamten Strecke gilt Moskauer Zeit, und das heißt bei einem Zeitunterschied von drei Stunden, es ist in Novosibirsk bereits 19.56 Uhr.

Der Zug Nr. 8 ist ein ganz normaler russischer Zug und nicht speziell für Touristen ausgerüstet; er dient als Beförderungs- und Transportmittel von Tante, Onkel und Babuschka mit auffallend viel Gepäck auf dem Weg gen Osten. Es gibt Wagen der 1. und 2. Klasse, d.h. Abteile mit zwei oder vier Betten (keine Trennung nach Geschlecht). Es gibt nur wenige 1.-Klasse-Abteile, der Platz in den Vierbettabteilen ist auch ausreichend, wenngleich etwas beengt. Die Bettlänge beträgt 1,75 m, die Breite 0,65 m. Entsprechend der Klasse hat ein Wagen 18 oder 36 Schlafplätze. Reiseveranstalter buchen meist einen ganzen Wagen.

Zu Beginn lernen Sie gleich die *Provodnitza,* die Zugbegleiterin, kennen, die Sie auf dieser Teilstrecke betreut. Für Fragen und Wünsche ist sie zuständig, sie sorgt für saubere Bettwäsche und heißen Tee. Zu Beginn prüft sie Ihre Fahrkarte so genau wie die Beamten Ihren Pass bei der Einreise nach Russland. Der dunkelgrüne Zug startet pünktlich. Pünktlichkeit wird auf dieser Strecke großgeschrieben. Sie können an dem Fahrplan, der in jedem Wagen aushängt, immer genau verfolgen, wann Sie wo ankommen werden und wann die Weiterreise erfolgt.

Ein Gang durch den Wagen macht Sie mit den Extras bekannt: An der Einstiegsseite (immer vorn) entdecken Sie einen mit Holz und Steinkohle beheizten Ofen, daneben den heißes Wasser spendenden Boiler, im Korridor Steckdosen (120 und 240 V), Radioschalter, Klappstühle und im hinteren Fond die Raucherecke. Ebenfalls am hinteren Ende des Wagens befindet sich jeweils der Toiletten- und Waschraum. Die sanitären Anlagen entsprechen russischem Niveau, und das ist eher primitiv. Die Toiletten werden aber mindestens einmal am Tag gereinigt und desinfiziert. Das Wasser zum Waschen ist kalt, warmes müssen Sie aus dem Boiler holen. Toilettenpapier ist rar, Seife gibt es nur in Ausnahmefällen.

Wenn Sie allein reisen und Lust haben, für kurze Zeit russisches Leben pur zu erleben, dann sollten Sie sich das Abteil mit Russen teilen. Diese richten sich ganz schnell häuslich ein: Aus den Koffern und Pappkartons werden mitgebrachte frische Äpfel und nach Knoblauch riechendes, eingelegtes Gemüse auf die Fensterbank gelegt. Und ehe Sie sich versehen, sind Sie zu einem Begrüßungsgläschen eingeladen.

Die Fahrtgeschwindigkeit beträgt selten mehr als 80 km/h. So bleibt genug Zeit, die Landschaft zu betrachten – Dörfer und Städte, die typischen russischen Holzhäuschen in Grün und Blau mit Holzornamenten. Antennenanlagen ragen wie Kreuze an schief stehenden Kiefernstangen in den Himmel.

Punkt 20.50 Uhr (immer Moskauer Zeit) erreichen Sie *Taiga* (25 000 Ew.), eine Stadt, die in der Aufbauphase der Transsib errichtet wurde. Zweieinhalb Stunden später haben Sie in *Mariinsk* den ersten längeren Aufenthalt – 18 Minuten. Die Einheimischen sorgen für Nachschub an Essen und Trinken für den hereinbrechenden Tag. Als Ausländer, der sich nicht so gut auskennt, bleibt man besser im wärmenden Bett. Das gilt auch für die nächsten Stationen *Bogotol* und *Atschinsk.*

Krasnojarsk erreichen Sie um 6.10 Uhr (Ortszeit 10.10 Uhr) mit 20 Minuten Aufenthalt, die Sie nutzen können, um sich die Beine zu vertreten und *Pelmeni* (Teigtaschen), Räucherfisch oder eine Kohlsuppe von den Babuschkas (älteren Frauen) auf dem Bahnsteig zu kaufen. Am Kiosk gibt's Zigaretten und Süßigkeiten. Aber entfernen Sie sich nicht zu weit vom Zug, der fährt pünktlich – auch ohne Sie – weiter. Nach dem kurzen Ausflug ins Bahnsteiggewühl haben Sie wieder Muße zum Schauen. Der russische Schriftsteller Anton Tschechov (1860–1904) hat die Faszination der Taiga einmal so beschrieben: »Die Eindruckskraft und der Zauber der Taiga liegt nicht in ihren Baumriesen und ihrer feierlichen Stille, sondern darin, dass nicht einmal ein Vogel, der über sie hinwegfliegt, weiß, wo sie endet.«

Beim Eisenbahnknotenpunkt (Transsib, Baikal-Amur-Magistrale und die Verbindung Krasnojarsk–Novosibirsk über Abakan) *Taischet,* ist die Nachmittagsstunde erreicht. Vielleicht machen Sie jetzt einen kleinen Ausflug in den Speisewagen. Hier kann man von 9 bis 21 Uhr (es gilt die Ortszeit) etwas essen. Das Angebot ist klein – Brot, Gulasch, gegrilltes Huhn, Salate, Gurken, Tomaten (grün eingelegt oder rot) –, aber sehr preiswert. Der Speisewagen ist gleichzeitig das soziale und kommunikative Zentrum für die Verbündeten auf Zeit. In dem rollenden Restaurant werden dauerhafte Freundschaften geschlossen.

Nach *Nishnejdinsk* (16 Uhr, 15 Minuten Aufenthalt) erreichen Sie schließlich *Sima* (20.06 Uhr). Der Ort (wörtlich »Winter«) wurde 1898 als eine Baustelle bei Errichtung der Transsib in der Nähe des gleichnamigen kalten Flusses gegründet. Hier haben Sie wiederum zirka 20 Minuten Aufenthalt.

Entlang der Bahnlinie sind in Fahrtrichtung (West nach Ost) Kilometersteine sichtbar. Die Zahlen darauf geben jeweils die Entfernung von Moskau aus an. Vor Taiga heißt es dann 3571 km und vor Sima 4940 km.

Nach *Angarsk* (228 000 Ew.), mitten in der Taiga gelegen, erreichen Sie schließlich *Irkutsk* *(S. 83)* um 0.37 Uhr. In der Halbmillionenstadt ist es 6 Uhr in der Frühe. Aber der Reiseveranstalter hat vorsorglich ein Hotelzimmer für Sie gebucht, in dem Sie schlafen und sich ausruhen können, denn die Reise auf der Transsib ist alles andere als eine Erholungstour.

Ein Wort zur Sicherheit: Alle Reiseveranstalter, die eine Fahrt mit der Transsib anbieten, versichern, dass es nie ernsthafte Probleme gegeben hat – entgegen den abenteuerlichen Berichten, die in den Medien über Korruption, Mafia und Diebstahl kursieren. Dennoch bleibt die überall übliche Vorsicht geboten: Wertsachen nie unbeaufsichtigt lassen, das Gepäck im Auge behalten.

Von Anreise bis Zoll

Hier finden Sie kurz gefasst die wichtigsten Adressen und Informationen für Ihre Russland-Reise

ANREISE

Flugzeug

Lufthansa, Aeroflot und die russische Fluggesellschaft Transaero bedienen von Frankfurt, Düsseldorf, Hamburg, München und Berlin aus täglich die Städte Moskau und St. Petersburg (auch von Leipzig und Stuttgart gehen Flüge nach Moskau). Swissair und AUA haben weitere Ziele im Programm.

Lufthansa fliegt zwei- bzw. dreimal pro Woche von Frankfurt nach Jekaterinburg, Kazan, Perm und Nižnij Novgorod. Mit Transaero erreicht man von Berlin aus direkt die Städte Soči, Irkutsk, Vladivostok; mit Aeroflot Novosibirsk, Chabarovsk.

Sollten Sie von Moskau (Scheremetjevo) aus weiterfliegen, so gehen die Inlandflüge von Domodedovo aus nach Sibirien, Ferner Osten, Mittelasien und von Vnukovo aus nach Süden.

Auto

Für Fahrten in den Norden empfiehlt sich der Übergang Terespol–Brest an der polnisch-weißrussischen Grenze; nach Südrussland über die polnisch-ukrainische Grenze bei Przemysl-Motiska nach Kijev und Charkov.

Die internationale grüne Karte gilt nicht. An der Grenze kann eine Versicherung abgeschlossen werden. Schutzbriefe der Automobilclubs gelten im europäi-

schen Teil Russlands. Sie sind aber nur bedingt hilfreich.

Bahn

Eine Bahnfahrt nach Russland ist preiswert, aber auch sehr zeitraubend: von Mitteleuropa nach Moskau dauert es rund 40 Stunden. Eine Zugfahrt im Reisebüro buchen. Dort gibt es Spezialisten, die russische Kursbücher lesen können.

AUSKUNFT

Botschaft der Russischen Föderation

Unter den Linden 63, 10117 Berlin, Tel. 030/229 11 10, Fax 229 93 97
Konsularabtlg.: *Behrenstraße 66, 10117 Berlin, Tel. 030/229 12 07, Fax 22 65 19 99*
Außenstelle Bonn: *Waldstraße 42, 53177 Bonn, Tel. 0228/31 20 74, Fax 31 15 63*

Generalkonsulate

Am Feenteich 20, 22085 Hamburg, Tel. 040/229 53 01, Fax 229 77 27

Seidlstraße 28, 80335 München, Tel. 089/59 25 03, Fax 550 38 28

Kickerlingsberg 18, 04105 Leipzig, Tel. 0341/564 95 28, Fax 564 95 89

in Österreich:
Reisnerstraße 45–47, 1030 Wien, Tel. 01/712 32 33, Fax 712 33 88

in der Schweiz:
Brunnadernrain 37, 3006 Bern, Tel. 031/44 05 66, Fax 352 55 95

Die Öffnungszeiten der Konsulate sind sehr unterschiedlich. Unbedingt vorher anrufen. Mit längeren Wartezeiten ist zu rechnen.

AUSKUNFT VOR ORT

Alle Hotels, in denen Ausländer unterkommen, verfügen über einen entsprechenden Service. Da es in den Städten noch keine Fremdenverkehrsämter und Informationsbüros gibt, werden Ihnen hier Fragen nach wer, wann, was, wo und wohin beantwortet, auch in deutscher Sprache. Sie müssen nur manchmal etwas Geduld haben.

AUTO

Vorsicht und Konzentration sind beim Autofahren mehr als ratsam. Schlaglöcher sind auf vielen Strecken die Regel, Gegenstände auf der Fahrbahn keine Seltenheit. Nachtfahrten sollten Sie möglichst vermeiden.

Nehmen Sie wichtige Ersatzteile mit. Russische Autofahrer entfernen ihre Scheibenwischer, um Diebstahl vorzubeugen. Kraftstoff ist oft Mangelware. Nutzen Sie jede Gelegenheit, nachzutanken und den Reservekanister zu füllen. Bleifreier Kraftstoff ist nicht überall erhältlich.

Bei Unfällen muss die Miliz verständigt werden, ebenso die Versicherungsgesellschaft *Ingosstrach*, die in allen größeren Orten Vertretungen hat.

BANKEN/GELDWECHSEL

Bargeld (nur Scheine, möglichst gut erhalten) kann ohne Einschränkung in allen größeren Banken, Hotels und offiziellen Wechselstuben getauscht werden. Zollerklärung und oft auch der Pass sind vorzulegen. Getauscht werden vorrangig Dollar und Euro. Mit anderen Währungen können Sie außerhalb von Moskau und St. Petersburg Schwierigkeiten haben. Reiseschecks und Kreditkarten werden in großen Banken und Hotels der Metropolen akzeptiert.

Tauschen Sie nur so viel Geld, wie nötig. Der Rücktausch ist (Sie dürfen keine Rubel ausführen) sehr zeitaufwändig. Die letzte Umtauschmöglichkeit besteht am Flughafen. Diesen Stress sollten Sie sich ersparen.

CAMPING

Das Land verfügt nur über wenige Campingplätze. Sie sind in internationalen Führern verzeichnet. Die Plätze müssen im Voraus gebucht werden.

DIPLOMATISCHE VERTRETUNGEN

Botschaft der Bundesrepublik Deutschland
in Moskau: *Mosfilmowskaja 56, Tel. 095/937 95 00, Fax 938 23 54*
Konsulat: *Leninski Pr. 95a, Tel. 095/933 43 11, Fax 936 21 43*

Deutsches Konsulat
in Novosibirsk: *Hotel Centr Rossij, Krassnij Pr. 28, Tel. 3832/23 14 11, Fax 23 44 17*
in Saratov: *Hotel Wolga, Ul. Nemezkaja 34, Tel. 8452/24 04 75, Fax 24 49 39*
in St. Petersburg: *Ul. Furschtadtskaja 39, Tel. 812/320 24 00, Fax 327 31 17*

Botschaft der Republik Österreich
in Moskau: *Starokonjuschennyi Per. 1, Tel. 095/220 20 43, Fax 220 21 02*

Botschaft der Schweiz
in Moskau: *Per. Ogorodnoy Slobody 2/5, Tel. 095/925 53 22, Fax 200 17 28*

EINREISE

Alle Russlandreisenden brauchen ein Visum. Es gibt drei Arten: Touristen-, Geschäfts- und Besuchervisum (Individualreisen). Für alle drei Formen gelten Sonderregelungen. Bei Gruppenreisen, nach wie vor die effektivste Möglichkeit, Russland erstmals kennen zu lernen, übernimmt der Veranstalter die aufwändige Beschaffungsprozedur.

Bei Geschäftsreisen muss eine juristische Person in Moskau auf den Brief/das Fax des einladenden Partner ihren entsprechenden Stempel dazusetzen.

Für Individual-/Besucherreisen muss eine persönliche Einladung vorgelegt werden. In jedem Fall müssen Sie eine Kopie der ersten Doppelseite des Reisepasses und drei Passbilder beim Konsulat einreichen. Das können Sie auch schriftlich tun. Bis drei Wochen dauert die Bearbeitung eines Antrags. Es gibt auch Reisebüros, die Visa für Individualreisende beschaffen. Dafür werden zwischen 55 und 40 Euro berechnet. Ein Eilvisum gibt es in wenigen Stunden für 110 Euro.

GESUNDHEIT

Die ambulante Versorgung bei kleinen Problemen ist kostenlos. In Hotels sind die Etagenfrauen behilflich. Krankenhäuser entsprechen meist nicht den westlichen Standards. Nehmen Sie Ihre benötigten Arzneimittel in ausreichender Menge mit. Es ist ratsam, eine Reisekrankenversicherung abzuschließen.

FOTOGRAFIEREN

Filme und Videokassetten sind teuer, wenn überhaupt erhältlich. Nehmen Sie genug Material mit. Die früheren Beschränkungen beim Fotografieren sind weitgehend aufgehoben. Aber auch in Russland ist es verboten, militärische Anlagen aufzunehmen.

INTERNET

In Russland selbst gibt es inzwischen eine Vielzahl von Websites von Städten und Regionen in Englisch und Russisch. Bei den russischen Angeboten benötigt man eventuell ein besonderes Programm (einen Russifikator), wenn die Standardrussischversion von Windows nicht ausreicht.

Infos zu Städten: *www.moscowcity.com, www.travel.spb.ru* (Petersburg), *www.irkutsk.ru* usw. Versuchen Sie es mit der (Kurz-)Bezeichnung einer russischen Stadt und *ru* für Russland. Spaß macht es auch, unter *www.livecam.ru* ins Geschehen verschiedener Städte zu blicken.

JUGENDHERBERGEN

Die Zahl der Unterkünfte für junge Leute *(Zentr junovo turisma)* ist noch viel zu gering und zu wenig bekannt. Der Standard entspricht nicht westlichen Vorstellungen: Die Schlafräume für mehrere Personen sind meist nur durch dünne Wände getrennt, Sanitäranlagen sind völlig veraltet. Hier gilt es zu improvisieren.

LITERATURTIPPS

Klaus Bednarz, Gabriele Krone-Schmalz und Gerd Ruge haben nach langer Korrespondententätigkeit ihre persönlichen Eindrücke im Film und auch auf Papier festgehalten:
Klaus Bednarz: *»Ballade vom Baikalsee«, München 1998*
Gabriele Krone-Schmalz: *»Von der russischen Seele«, Düsseldorf 1996*
Gerd Ruge: *»Weites Land«, Berlin 1996*
Aus dem Alltag erzählt Claudia Siebert: *»Moskau ist anders. Über Stöpsle, Brotkanten und das Leben an sich«, Hildesheim 1994*
Barbara Löwe, *»Kulturschock Russland«, Bielefeld 1997,* bereitet auf die russische Mentalität vor.

MIETWAGEN

Nur in Moskau und St. Petersburg haben sich Verleiher angesiedelt.

ÖFFNUNGSZEITEN

Geschäfte: von 9/10 bis 13/14 Uhr, mit einer Pause *(pereryv na objed)* von einer Stunde. Nachmittags: von 14/15 bis 19/21 Uhr. Lebensmittelgeschäfte haben auch am Sonntag offen. An Feiertagen sind alle Geschäfte geschlossen.

PAUSCHALREISEN

Aeroservice
Unter den Linden 51, 10117 Berlin, Tel. 030/226 70 40, Fax 229 00 73

BFS Die Gruppe
Adenauerallee 8, 20097 Hamburg, Tel. 040/246448, Fax 246450

Biblische Reisen
Silberburgstr. 121, 70176 Stuttgart, Tel. 0711/61 92 50, Fax 619 25 44

CVJM Reisedienst
An der Alster 40, 20099 Hamburg, Tel. 040/24 13 91, Fax 280 20 11

DERTOUR
Emil-von-Behring-Str. 6, 60439 Frank-furt/M., Tel. 069/95 88 00, Fax 95 88 10 10

Go east
Bahrenfelder Chaussee 53, 22761 Hamburg, Tel. 040/896 90 90, Fax 89 49 40

Lernidee Reisen
Dudenstr. 78, 10965 Berlin, Tel. 030/786 00 00, Fax 786 55 96

Nicko Tours
Wilhelmstr. 4, 70182 Stuttgart, Tel. 0711/248 98 00, Fax 24 89 80 77

Olympia-Reisen
Siegburger Str. 49, 53229 Bonn, Tel. 0228/40 00 30, Fax 46 69 32

Schnieder Reisen
Schillerstr. 43, 22767 Hamburg, Tel. 040/380 20 60, Fax 38 89 65

Studiosus Reisen München
Riesstr. 25, 80992 München, Tel. 089/50 06 07 00, Fax 50 06 01 00

Ventus Reisen
Krefelderstr. 8, 10555 Berlin, Tel. 030/391 00 32, Fax 399 55 87

Vostok Reisen
Ackerstr. 157, 10115 Berlin, Tel. 030/30 87 10 22, Fax 30 87 10 28

Wolff Ost Reisen
Tradtstr. 6, 93437 Furth im Wald, Tel. 09973/50 80, Fax 50 81 60

in Österreich:

Reifeisen Reisebüro
Alsbachstr. 30, 1090 Wien, Tel. 01/31 37 50, Fax 313 75 63

in der Schweiz:

KIRA Reisen
Rütistr. 2, 5400 Baden, Tel. 056/200 19 00, Fax 222 77 24

Reisebüro Mittelthurgau
Dunantstr. 17, 8570 Weinfelden, Tel. 071/626 85 85, Fax 622 34 07

POST

In größeren Hotels gibt es Poststellen. Briefkästen sind blau und weiß. Sie können Ihre Post aber auch an der Hotelrezeption oder in Holzbehälter mit der Aufschrift *Potschta* einwerfen.

STROM

Die Netzspannung beträgt in ganz Russland im Allgemeinen 220 V. Die Mitnahme eines Universaladapters ist ratsam.

TELEFON

Telefonieren ist Geduldssache. Die Vermittlung eines Auslandsgesprächs kann Stunden dauern. Ortsgespräche sind gratis. Die meisten Hotelzimmer können direkt angewählt werden. Öffentliche Telefonzellen sind oft defekt.

Wichtige Telefonnummern:

Ambulanz	03
Feuerwehr	02
Miliz	01
Vorwahl Deutschland	81049
Vorwahl Österreich	81043
Vorwahl Schweiz	81041
Vorwahl Russland	007

TRINKGELD

In seltenen Fällen werden zehn Prozent Bedienung in Restaurants berechnet. Trinkgelder sind aber inzwischen üblich (5–10 Prozent).

Die *Dejournaja* auf der Etage des Hotels ist Ihnen in vielen Fällen behilflich. Sie freut sich über Schokolade, Kosmetika, Kaffee.

ZOLL

Sie müssen zwei Erklärungen ausfüllen, eine bei der Einreise, die andere bei der Ausreise (beide sind identisch). Beide müssen bei der Ausreise dem Zoll vorgelegt werden. Sie dürfen nicht ausführen (danach wird in der Deklaration gefragt): Waffen, Munition, Rauschgift, Antiquitäten, Kunstwerke (Gemälde, Ikonen, alte Samoware) und Rubel. Antworten Sie mit »nein«, »keine«, Striche bleiben unglaubwürdig. Die Höhe der Rückführung der Geldmittel (Euro, Dollar) ist unwichtig. Sie müssen sie nur aufgeschlüsselt angeben. Sie dürfen nie mehr westliche Währung zurückführen, als Sie eingeführt haben. Zollfrei in die EU einführen dürfen Sie: 1 l Spirituosen (mehr als 22 % Alkohol), 2 l Wein oder Sekt, 200 Zigaretten. Bei allen Einkäufen auf jeden Fall die Quittung aufbewahren. Weitere Mitbringsel sind nur bis zu einem Wert von 350 Mark zollfrei. Untersagt ist die Ausfuhr von im Ausland produzierten Waren.

WETTER IN MOSKAU

Die monatlichen Durchschnittswerte im Überblick

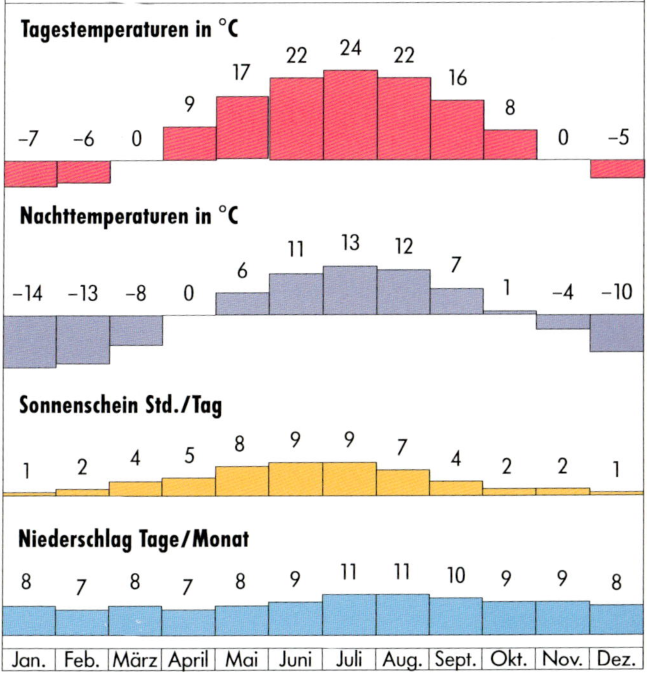

Bloß nicht!

Worauf Sie achten und was Sie meiden sollten

Unpassend anreden
Wenn der Reisende ein paar Brocken Russisch beherrscht, erleichtert das manchen Kontakt und schafft eine freundliche Atmosphäre. Die frühere Anrede *Towarischtsch* (Genosse) sollten Sie nicht benutzen. Russen haben selbst noch Probleme, jeweils angemessene Bezeichnungen zu finden. Im Alltag werden auch ältere Leute oft mit »junger Mann« oder »Fräulein« tituliert. Höflich ist die Anrede *Gospodin* (Herr) und *Gosposha* (Frau).

Wertsachen im Auto liegen lassen
Lassen Sie niemals Wertgegenstände in einem geparkten Fahrzeug! Parken Sie nach Möglichkeit über Nacht nicht auf öffentlichen Straßen, sondern auf bewachten oder verschließbaren Abstellplätzen, die von manchen Hotels angeboten werden.

Leicht bekleidet in die Kirche
Auch wenn es noch so heiß ist, betreten Sie orthodoxe Kirchen und Kathedralen nie leicht geschürzt! Die Gläubigen könnten daran Anstoß nehmen. Halten Sie Schultern und Knie bedeckt. Frauen sollten außerdem daran denken, beim Besuch von Klöstern ein Kopftuch zu tragen.

Limonade an der Straße kaufen
Russische Limonade ist für westliche Geschmacksnerven extrem stark gesüßt und löscht den Durst nicht. Die Wassergläser im Straßenverkauf sind of unappetitlich verschmutzt.

In schwarze Taxis einsteigen
Neben Taxiunternehmen gibt es private Autobesitzer, die ihr Geschäft mit und ohne Lizenz betreiben. Meiden Sie solche Fahrzeuge möglichst. Wer dennoch darauf angewiesen ist, sollte unbedingt einen Festpreis vereinbaren. Obwohl häufiger russische Bürger, die aus dem Ausland heimkehren, Opfer von Überfällen werden als Touristen, ist eine Taxifahrt nicht immer risikofrei. Bevorzugen Sie Taxis, in denen neben dem Fahrer keine weiteren Personen sind. Frauen sollten bei Nacht nicht allein fahren.

Auf dem Schwarzmarkt tauschen
Professionelle Schwarzhändler kennen Tricks, denen der unkundige Ausländer oft hilflos ausgeliefert ist. Falsche Noten sind keine Seltenheit, und bei der Übergabe verschwinden gelegentlich Scheine. Schwarztauschen ist illegal und bietet wegen des ohnehin günstigen offiziellen Kurses keine Vorteile.

RUSSISCH ZUM ZEIGEN

Das Glossar enthält alle im Führer genannten Orte, Sehenswürdigkeiten und Museen.

Akademgorodok	Академгородок
Freilichtmuseum	Музей под открытым небом
Museum für Steinkunde	Геологический музей
Angara-Dorf	Деревня 17 века на берегу Ангары
Freilichtmuseum der Ewenken	Эвенкийский музей под открытым небом
Baikalsee	Озеро Байкал
Berg Čerski	Хребет Черского
Goldsuchersiedlung Bolschije-Koty	Посёлок золотодобытчиков Большие Коты
Kadilnaja Pad	Кадильная падь
Listwjanka	Листвянка
Bernsteinküste	Янтарный берег
Svetlogorsk (Rauschen)	Светлогорск (Rauschen)
Zelenogradsk (Cranz)	Зеленоградск (Cranz)
Bogoljubovo	Боголюбово
Bolschoj Achun	Большой Ахун
Bratsk	Братск
Heimatmuseum	Краеведческий музей
Staudamm	Плотина Братской ГЭС
Chabarovsk	Хабаровск
Heimatmuseum	Краеведческий музей
Kunstmuseum	Художественный музей
Stadtpark Arboretum	Парк Арборетум на Волочаевской ул.
Dagomys	Дагомыс
Irkutsk	Иркутск
Dekabristen-Museum	Музей декабристов
Erlöserkirche	Церковь Христа-Спасителя
Heimatkundemuseum	Краеведческий музей
Kreuzkirche	Церковь Распятия
Kunstmuseum	Художественный музей
Weißes Haus	Белый дом
Ivanovo	Иваново
Haus des 1. Sowjet	Дом Первого Совета
Heimatmuseum	Краеведческий музей
Scheremetjew-Haus	Дом Шереметьева
Jaroslavl	Ярославль
Befestigungsanlagen	Городская стена и башни
Christi-Verklärungs-Kloster	Спасопреображенский монастырь
Epiphanias-Kirche	Епифанская церковь (пл.Подбельского)
Johannes-Chrysostomos-Kirche	Церковь Иоанна Златоуста
Johannes-der-Täufer-Kirche	Церковь Иоанна Крестителя
Kunstmuseum	Художественный музей
Museum für Altrussische Kunst	Музей древнерусского искусства
Jessentuki	Ессентуки
Kaliningrad	Калининград
Bernstein-Museum	Музей янтаря
Börse	Биржа

Brandenburger Tor	Бранденбургские ворота
Dom	Собор
Friedrichsburger Tor	Фридрихсбургские ворота
Grabstätte Immanuel Kants	Могила Иммануэля Канта
Königsberger Bunker	Кёнигсбергский бункер (Музей капитуляции)
Königstor	Королевские ворота
Park der Skulpturen	Парк скульптур
Philharmonie	Филармония
Puppentheater	Кукольный театр
Roßgärtner-Tor	Росгертнерские ворота
Sackheimer-Tor	Закхаймерские ворота
Karabicha Landsitz	Усадьба "Карабиха"
Kazan	Казань
Kreml	Кремль
Museum der Bildenden Künste	Музей изобразительного искусства
Museum der Tataren	Татарский Музей
Universität	Университет
Kishi-Insel	Кижи
Christi-Verklärungs-Kirche	Спасо-Преображенская церковь
Lazarus-Kirche	Лазаревская церковь
Mariä-Schutz-Kirche	Покровская церковь
Kislovodsk	Кисловодск
Narsan-Galerie	Галерея Нарзана
Park	Парк на реке Ольховке
Kola-Halbinsel	Кольский полуостров
Kostroma	Кострома
Handelsreihen	Торговые ряды
Ipatios-Kloster	Ипатьевский монастырь
Krasnaja Poljana	Красная Поляна
Museum für Holzbaukunst	Музей деревянного зодчества
Mažesta	Мацеста
Michailovskoje	Михайловское
Puschkin-Museum	Музей Пушкина
Svjatogorsk-Kloster	Святогорский монастырь
Moskau	Москва
Andrej-Rubljov-Museum	Музей Андрея Рублёва
Kreml	Кремль
Roter Platz	Красная площадь
Tretjakov-Galerie	Третьяковская галерея
Murmansk	Мурманск
Heimatmuseum	Краеведческий музей
Institut für Polarforschung	Институт полярных исследований
Novgorod	Новгород
Facettenpalast	Грановитая палата
Jaroslavl-Hof	Ярославово дворище
Kreml mit Sophienkathedrale	Кремль и Софийский собор
Historisches Museum	Исторический музей
Nižnij Novgorod	Нижний Новгород
Gorkij-Gedenkstätte	Памятник Горькому

Handelshaus	Торговый дом
Kreml	Кремль
Novočerkassk	Новочеркасск
Donkosaken-Museum	Музей донского казачества
Novosibirsk	Новосибирск
Bahnhof	Вокзал
Gemäldegalerie	Картинная галерея
Heimatmuseum	Краеведческий музей
Palech	Палех
Museum für Lackminiaturen	Музей лаковой миниатюры
Hausmuseum des Begründers der modernen Palecher Miniaturmalerei	Дом-музей основателя современной палехской миниатюры
Pereslavl-Zalesskij	Переславль-Залесский
Christi-Verklärungs-Kathedrale	Спасопреображенская церковь
Danilow-Kloster	Данилов монастырь
Goritskij-Kloster	Горицкий монастырь
Historisches Museum	Исторический музей
Marinemuseum »Botik«	Морской музей "Ботик"
Metropolit-Peter-Kirche	Церковь Митрополита Петра
Nikitskij-Kloster	Никитский монастырь
Petrovskij Prical	Петровский причал
Petrozavodsk	Петрозаводск
Heimatmuseum	Краеведческий музей
Kunstmuseum	Художественный музей
Pjatigorsk	Пятигорск
Pavillon Älsharfe	Павильон "Эолова Арфа"
Pskov	Псков
Dreifaltigkeits-Kathedrale	Троицкий собор
Kreml	Кремль
Rostov-na-Donu	Ростов-на-Дону
Gorkij-Theater	Театр им. Горького
Heimatmuseum	Краеведческий музей
Museum der Bildenden Künste	Музей изобразительного искусства
Rostov-Velikij	Ростов Великий
Abraham-Kloster	Авраамов монастырь
Erlöser-Jakob-Kloster	Яковлевский монастырь
Kreml	Кремль
St. Petersburg	Санкт-Петербург
Ermitage	Эрмитаж
Peter-Pauls-Kathedrale	Петропавловский собор
Russisches Museum	Русский музей
Sergiev Posad	Сергиев Посад
Dreifaltigkeits-Sergijus-Kloster	Троице-Сергиева Лавра
Kunsthistorisches Museum	Историко-художественный музей
Uljanovsk	Ульяновск
Gontscharow-Heimatmuseum	Музей в доме И.Гончарова
Lenin-Haus	Дом Ленина
Lenin-Memorial	Ленинский мемориал

Soči	Сочи
Dendrarium	Дендрарий
Riviera-Park	Парк Ривьера
Staraja Russa	Старая Русса
Suzdal	Суздаль
Euthymios-Erlöser-Kloster	Спасо-Ефимьевский монастырь
Freilichtmuseum	Музей под открытым небом
Kreml	Кремль
Museum für Altrussische Malerei	Музей древнерусской живописи
Vladimir	Владимир
Demetrius-Kathedrale	Дмитровский собор
Mariä-Himmelfahrts-Kathedrale	Успенский собор
Museum »Altes Vladimir«	Музей "Старый Владимир"
Museum für Vorrevolutionäre Geschichte	Музей дореволюционной истории
Volgograd	Волгоград
Mamajew-Kurgan	Мамаев курган
Museum der Bildenden Künste	Музей изобразительного искусства
Wasserkraftwerk »Lenin«	Гидроэлектростанция им.Ленина
Wolga-Don-Kanal	Канал Волга-Дон
Železnovodsk	Железноводск

Kyrillische Schrift

Kyrillisches Alphabet und Transkription

Kyrillischer Buchstabe		Transkription	Kyrillischer Buchstabe		Transkription
А	а	a	С	с	s
Б	б	b	Т	т	t
В	в	v	У	у	u
Г	г	g	Ф	ф	f
Д	д	d	Х	х	h
Е	е	e	Ц	ц	c
Ё	ё	ë	Ч	ч	č
Ж	ж	ž	Ш	ш	š
З	э	z	Щ	щ	šč
И	и	i	Ъ	ъ	harte Aussprache
Й	й	j			
К	к	k	Ы	ы	y
Л	л	l	Ь	ь	weiche Aussprache
М	м	m			
Н	н	n	Э	э	e
О	о	o	Ю	ю	ju
П	п	p	Я	я	ja
Р	р	r			

Sprechen und Verstehen ganz einfach

Zur Erleichterung der Aussprache sind alle russischen Wörter mit einer einfachen Aussprache (in der mittleren Spalte) versehen. Die betonte Silbe ist im Russischen und in der Aussprache immer durch ein Akzentzeichen ´ markiert.
Der Buchstabe „y" in der Aussprache wird wie ein „u" ausgesprochen,.

AUF EINEN BLICK

Ja./Nein.	da./njet.	Да./Нет.
Bitte.	paschálsta.	Пожáлуйста.
Danke.	spassíba.	Спасибо.
Nichts zu danken.	njé-sa-schta.	Нé за что.
Verzeihung!	prastítje!	Простите!
Wie bitte?	iswinítje, kak wy skasáli?	Извините, как Вы сказáли?
Ich verstehe Sie nicht.	ja was ni-panimáju.	Я Вас не понимáю.
Ich spreche nur wenig ...	ja gawarjú tólka nimnóga ...	Я говорю́ тóлько немнóго ...
Können Sie mir bitte helfen?	wy móschytje pamótsch mnje?	Вы мóжете помóчь мне?
Ich möchte ...	ja chatschú ...	Я хочý ...
gut/schlecht	charaschó/plócha	хорошó/плóхо
Haben Sie ...?	u-was jest ...?	У Вас есть ...?
Wie viel kostet es?	skólka éta stóit?	Скóлько э́то стóит?
Wie viel Uhr ist es?	katóry tschas?	Котóрый час?
Wo ist hier die Toilette?	gdje sdjes tualét?	Где здесь туалéт?

KENNEN LERNEN

Guten Morgen!	dóbraje útra!	Дóброе ýтро!
Guten Tag!	dóbry djen!	Дóбрый день!
Guten Abend!	dóbry wjétschir!	Дóбрый вéчер!
Seien Sie gegrüßt!	sdrástwujtje!	Здрáвствуйте!
Willkommen!	dabró paschálawat!	Добрó пожáловать!
Wie geht es Ihnen?	kak u-was dilá?	Как у Вас делá?
Wie geht es dir?	kak u-tibjá dilá?	Как у тебя́ делá?
Danke.	spassíba.	Спасибо.
Und Ihnen/dir?	a u-was/u-tibjá?	А у Вас/у тебя́?
Auf Wiedersehen!	da-swidánija!	До свидáния!
Tschüss!	paká!	Покá!

UNTERWEGS

Auskunft

links / rechts	naljéwa / napráwa	налéво / напрáво
geradeaus	prjáma	прямо
nah / weit	blíska / dalikó	блйзко / далекó
Bitte, wo ist …?	skaschýtje, paschálsta, gdje …?	Скажйте, пожáлуйста, где ...?
Wie weit ist das?	kak éta dalikó?	Как э́то далекó?

Panne

Ich habe eine Panne.	u minjá awárija.	У меня́ авáрия.
Wo ist hier in der Nähe eine Werkstatt?	gdje sdjes pablísasti aftarimóntnaja mastirskája?	Где здесь поблйзости авторемóнтная мастерскáя?

Tankstelle

Wo ist die nächste Tankstelle?	gdje blischájschtschaja aftasaprávatschnaja stánzyja?	Где ближáйщая автозапрáвочная стáнция?
Ich möchte …	mnje núschna …	Мне нýжно ...
… Liter …	… lítraf …	... лйтров ...
bleifreies Normalbenzin.	ni-etilírawanawa binsína.	неэтилйрованного бензйна.
Super.	binsína s-wyssókim aktánawym tschisslóm.	бензйна с высóким октáновым числóм.
Diesel.	dísilnawa tópliwa.	дйзельного тóплива.
Voll tanken, bitte.	sapráftje maschýnu, paschálsta.	Запрáвьте машйну, пожáлуйста.

Unfall

Hilfe!	pamagítje!	Помогйте!
Rufen Sie bitte schnell …	wýsawitje býstra …	Вы́зовите бы́стро ...
… einen Krankenwagen.	… skóruju pómaschtsch.	... скóрую пóмощь.
… die Polizei.	… milízyju.	... милйцию.
Es war meine Schuld.	éta bylá majá winá.	Э́то былá моя́ винá.
Es war Ihre Schuld.	éta bylá wáscha winá.	Э́то былá Вáша винá.
Geben Sie mir Ihren Namen und Ihre Anschrift.	skaschýtje mnje wáschu famíliju i wasch ádris.	Скажйте мне Вáшу фамйлию и Ваш áдрес.

ESSEN

Wo gibt es hier ein gutes Restaurant?	gdje sdjes charóschy ristarán?	Где здесь хорóший ресторáн?
Wo gibt es hier ein nicht zu teures Restaurant?	gdje sdjes nidaragój ristarán?	Где здесь недорогóй ресторáн?

Reservieren Sie uns bitte für heute Abend einen Tisch für 4 Personen.	sarisirwírujtje nam na-siwódnischnij wjétschir stol na-tschityrjóch tschilawjék, paschálsta.	Зарезерви́руйте нам на сего́дняшний ве́чер стол на четырёх челове́к, пожа́луйста.
Auf Ihr Wohl!	sa-wásche sdarówje!	За Ва́ше здоро́вье!
Bezahlen, bitte.	raschtschitájtis sa-mnoj, paschálsta.	Рассчита́йтесь со мной, пожа́луйста.
Hat es geschmeckt?	fkússna býla? wam panráwilas?	Вку́сно бы́ло? Вам понра́вилось?
Es war ausgezeichnet.	býla priwaßchódna.	Бы́ло превосхо́дно.

ÜBERNACHTUNG

Können Sie mir ein gutes Hotel empfehlen?	wy ni-passawjétujutje mnje charóschuju gastínizu?	Вы не посове́туете мне хоро́шую гости́ницу?
Können sie mir eine Pension empfehlen?	wy ni-passawjétujutje mnje tschássny panssión?	Вы не посове́туете мне ча́стный пансио́н?
Haben Sie noch Zimmer frei?	u-was jest swabódnyje namirá?	У вас есть свобо́дные номера́?
Ein Einzelzimmer …	adnamjéssny nómir …	Одноме́стный но́мер ...
Ein Zweibettzimmer …	dwuchmjéssny nómir …	Двухме́стный но́мер ...
mit Bad.	s-wánnaj.	с ва́нной.
für eine Nacht.	na-adnú notsch.	на одну́ ночь.
für eine Woche.	na-nidjélju.	на неде́лю.
mit Blick aufs Meer.	s-wídam na-mórje.	с ви́дом на мо́ре.
Was kostet das Zimmer?	skólka stóit nómir?	Ско́лько сто́ит но́мер?
mit Frühstück?	s-sáftrakam?	с за́втраком?
mit Halbpension?	s-sáftrakam i úschynam?	с за́втраком и у́жином?

PRAKTISCHE INFORMATIONEN

Arzt

Können Sie mir einen guten Arzt empfehlen?	wy móschytje passawjétawat mnje charóschywa wratschá?	Вы мо́жете посове́товать мне хоро́шего врача́?
Ich habe hier Schmerzen.	sdjes u-minjá balít.	Здесь у меня́ боли́т.

Bank

Wo ist hier eine Bank/eine Wechselstube?	gdje sdjes bank/punkt abmjéna waljúty?	Где здесь банк/пункт обме́на валю́ты?

Ich möchte … *(Betrag)*	ja chatschú abminját …	Я хочу́ обменя́ть ...
Mark	nimjézkich márak/	неме́цких ма́рок/
Schilling/	afstríjskich schýllingaf/	австри́йских ши́ллингов/
Schweizer Franken/	schwijzárskich fránkaf/	швейца́рских фра́нков/
Dollar	dóllaraf	до́лларов
in Rubel wechseln.	na-rublí.	на рубли́.

Post

Was kostet	skólka stóit atpráwit	Ско́лько сто́ит от-
ein Brief/	pissmó/	пра́вить письмо́/
eine Postkarte	atkrýtku	откры́тку
nach Deutschland?	w-girmániju?	в Герма́нию?

Меню́ [minjú]

Speisekarte

ХОЛО́ДНЫЕ ЗАКУ́СКИ	chalódnyje sakúski	KALTE VORSPEISEN
Ассорти́	assartí	Vorspeisenteller
Бутербро́д	butirbrót	belegtes Brot
Ветчина́	witschiná	Schinken
Икра́	ikrá	Kaviar
Колбаса́	kalbassá	Wurst
Кра́бы	kráby	Krabben
Паштéт	paschtét	Pastete
Сала́т Здоро́вье	salát sdarówje	Gemüsesalat
Сала́т из помидо́ров с огурца́ми	salát is-pamidóraf s-agurzámi (s-ijzóm)	Tomaten-Gurken-Salat Сала́т
Оливье́/ Столи́чный	salát aliwjé/stalítschny	russischer Salat mit Huhn/Fleisch

ПЕ́РВЫЕ БЛЮ́ДА	PJÉRWYJE BLJUDA	SUPPEN
Бульо́н	buljón	Bouillon
Борщ (украи́нский)	borschtsch (ukraínskij)	Borschtsch, Suppe mit Roter Bete und Kohl
Грибна́я соля́нка	gribnája saljánka	Pilzeintopf
Рассо́льник	rassólnik	Suppe mit Geflügel, Reis und saurer Gurke
Ры́бный суп	rýbny sup	Fischsuppe
Соля́нка	saljánka	Soljanka (scharf-säuerliche Suppe)
Щи	schtschi	Kohlsuppe

ВТОРЫ́Е БЛЮ́ДА	ftarýje bljúda	HAUPTGERICHTE
Ры́бные блю́да	**rýbnyje bljúda**	**Fischgerichte**
Ка́мбала	kámbala	Seezunge
Карп	karp	Karpfen
Лосо́сь	lassós	Lachs
(Морско́й) о́кунь	(marskój) ókun	(See-)Barsch
Па́лтус	páltus	Steinbutt
Саза́н	sasán	Karpfen
Сом	som	Wels
Суда́к	sudák	Zander
Треска́	triská	Kabeljau
У́горь	úgar	Aal
Форе́ль	farjél	Forelle
Щу́ка	schtschúka	Hecht
Мясны́е блю́да	**missnýje bljúda**	**Fleischgerichte**
Бара́нина	baránina	Hammel
Говя́дина	gawjádina	Rind
Кро́лик	królik	Kaninchen
Свини́на	swinína	Schwein
Бифште́кс	bifschtjéks	Hackbraten
Гуля́ш	guljásch	Gulasch
Котле́ты	katljéty	Frikadellen
Ромште́кс	ramschtjéks	Rumpsteak
Шашлы́к	schaschlýk	Schaschlik
Шни́цель	schnízel	Schnitzel

ГАРНИ́РЫ	garníry	BEILAGEN
Грибы́	gribý	Pilze
Карто́фель	kartófil	Kartoffel
жа́реный	scháriny̆	gebraten
отварно́й	atwarnój	gekocht
Лапша́	lapschá	Nudeln
Овощно́е ассорти́	awaschtschnóje assartí	Gemüsebeilage
Рис (отварно́й)	ris (atwarnój)	Reis (gekocht)
Смета́на	smitána	saure Sahne

ДИЕТИ́ЧЕСКИЕ БЛЮ́ДА	dijitítschiskije bljúda	FLEISCHLOSE GERICHTE
Ка́ша (ма́нная/овся́ная/рисовая)	káscha (mánnaja/afsjánaja/ríssawaja)	Grütze (Grieß~/Hafer~/Reis~)
Сы́рники	sýrniki	Gebackene Quark klöße
Творо́жная (со смета́ной)	twaróschnaja (sa-smitánaj)	Quarkpastete klöße (mit saurer Sahne)

ДЕСЕ́РТЫ	dissjérty	NACHSPEISEN
Моро́женое	maróschynaje	Eis

НАПИ́ТКИ	napítki	GETRÄNKE
Чай с молоко́м	tschaj s-malakóm	Tee mit Milch
Чай с лимо́ном	tschaj s-limónam	Tee mit Zitrone
Чай из трав	tschaj is-traf	Kräutertee
Ко́фе (по-туре́цки/ эспре́ссо)	kófje (pa-turjézki/ esprjéssa)	Kaffee (Mokka/ Espresso)
Горя́чий шокола́д	garjátschij schakalát	heiße Schokolade
Фрукто́вый сок	fruktówy sok	Fruchtsaft
Лимона́д	limanát	Limonade
Минера́льная вода́	minirálnaja wadá	Mineralwasser

АЛКОГО́ЛЬНЫЕ НАПИ́ТКИ	alkagólnyje napítki	ALKOHOLISCHE GETRÄNKE
Пи́во	píwa	Bier
Вино́	winó	Wein
бе́лое/кра́сное	bjélaje/krássnaje	weiß/rot
(полу)сухо́е	(palu)suchóje	(halb)trocken
Шампа́нское	schampánskaje	Sekt, Champagner
Во́дка	wótka	Wodka

Zahlen

0	nol ноль	17	simnázat семна́дцать
1	adín *m*/adná *f*/adnó *n* оди́н /одна́ /одно́	18	wassimnázat восемна́дцать
		19	diwitnázat девятна́дцать
2	dwa *m n*/dwjä *f* два /две	20	dwázat два́дцать
3	tri три	30	trízat три́дцать
4	tschitýrje четы́ре	40	sórak со́рок
5	pjat пять	50	pidissját пятьдеся́т
6	schest шесть	60	schysdissját шестьдеся́т
7	sjem семь	70	sjémdissit се́мьдесят
8	wóssim во́семь	80	wóssimdissit во́семьдесят
9	djéwit де́вять	90	diwinósta девяно́сто
10	djéssit де́сять	100	sto сто
11	adínazat оди́ннадцать	200	dwjésti две́сти
12	dwinázat двена́дцать	300	trísta три́ста
13	trinázat трина́дцать	1000	týssitscha ты́сяча
14	tschitýrnazat четы́рнадцать	2000	dwjä týssitschi две ты́сячи
		10000	djéssit týssitsch де́сять ты́сяч
15	pitnázat пятна́дцать		
16	schyssnázat шестна́дцать	1/2	palawína полови́на
		1/4	tschétwirt *f* че́тверть

Reiseatlas Russland

Die Seiteneinteilung für den Reiseatlas finden Sie auf dem hinteren Umschlag dieses Reiseführers

le Mans-Est 4	Autobahn mit Anschlussstelle Motorway with junction
Datum, Date	Autobahn in Bau Motorway under construction
Datum, Date	Autobahn in Planung Motorway projected
R	Raststätte mit Übernachtungsmöglichkeit Roadside restaurant and hotel
R	Raststätte ohne Übernachtungsmöglichkeit Roadside restaurant
E	Erfrischungsstelle, Kiosk Snackbar, kiosk
T A	Tankstelle, Autohof Filling-station, Truckstop
	Autobahnähnliche Schnellstraße mit Anschlussstelle Dual carriage-way with motorway characteristics with junction
	Straße mit zwei getrennten Fahrbahnen Dual carriage-way
	Durchgangsstraße Thoroughfare
	Wichtige Hauptstraße Important main road
	Hauptstraße Main road
	Sonstige Straße Other road
	Fernverkehrsbahn Main line railway
	Bergbahn Mountain railway
	Autotransport per Bahn Transport of cars by railway
	Autofähre Car ferry
	Schifffahrtslinie Shipping route
	Landschaftlich besonders schöne Strecke Route with beautiful scenery
Routes des Crêtes	Touristenstraße Tourist route
	Straße gegen Gebühr befahrbar Toll road
	Straße für Kraftfahrzeuge gesperrt Road closed to motor traffic
	Zeitlich geregelter Verkehr Temporal regulated traffic
15%	Bedeutende Steigungen Important gradients

	Kultur **Culture**
★★ PARIS ★★ *la Alhambra*	Eine Reise wert Worth a journey
★ TRENTO ★ *Comburg*	Lohnt einen Umweg Worth a detour
	Landschaft **Landscape**
★★ Rodos ★★ *Fingal's cave*	Eine Reise wert Worth a journey
★ Korab ★ *Jaskinia raj*	Lohnt einen Umweg Worth a detour
	Besonders schöner Ausblick Important panoramic view
	Nationalpark, Naturpark National park, nature park
	Sperrgebiet Prohibited area
4807	Bergspitze mit Höhenangabe in Metern Mountain summit with height in metres
(630)	Ortshöhe Elevation
	Kirche Church
	Kirchenruine Church ruin
	Kloster Monastery
	Klosterruine Monastery ruin
	Schloss, Burg Palace, castle
	Schloss-, Burgruine Palace ruin, castle ruin
	Denkmal Monument
	Wasserfall Waterfall
	Höhle Cave
	Ruinenstätte Ruins
	Sonstiges Objekt Other object
	Jugendherberge Youth hostel
	Badestrand · Surfen Bathing beach · Surfing
	Tauchen · Fischen Diving · Fishing
	Verkehrsflughafen Airport
	Regionalflughafen · Flugplatz Regional airport · Airfield

A
B
C
1
2
3
4
5
6
Norrköping
Södertälje
Uppsala
STOCKHOLM
Nynäshamn
Norrtälje
Karlskrona
Oskarshamn
Västervik
Kalmar
Öland
Lübeck
OSTSEE
BALTIC SEA
ÖSTERSJÖN
Visby
Gotland
Sassnitz
Bottenhavet
Selkämeri
Ahvenanmaa
Åland
Rauma
Pori
Vaasa
TURKU
ÅBO
Salo
TAMPERE
TAMMERFORS
Hanko
Hangö
Forssa
HELSINKI
HELSINGFORS
Heinola
Lahti
Porvoo
Borgå
Mikkeli
Kotka
Lappeenranta
Vyborg
Zelenogorsk
GDYNIA
Gdańsk
LIEPĀJA
Ventspils
Kuressaare
Kärdla
Haapsalu
Paldiski
KALININGRAD
KLAIPĖDA
ROSSIJA
Saldus
Kolka
Virtsu
Rīgas Jūras līcis
Pärnu
TALLINN
EESTI
Rakvere
Sovetsk
Plungė
Tauragė
Jūrmala
Ainaži
Jelgava
RĪGA
LATVIJA
Valmiera
Viljandi
Kohtla-Järve
Narva
Kingisepp
Černʼachovsk
Raseiniai
ŠIAULIAI
Cēsis
Valga
Tartu
Võru
Ełk
Suwałki
LIETUVA
KAUNAS
PANEVĖŽYS
Marijampolė
Gdov
Slancy
Peterhof
Alytus
Ukmergė
Jēkabpils
Utena
Gulbene
Pskovskoje oz.
Gatčina
SANKT-PETERBURG
HRODNA
VILNIUS
DAUGAVPILS
Rēzekne
PSKOV
Luga
ZAKARSKOJE SELO
Vaŭkavysk
Lida
Ašmjany
Pastavy
Ostrov
Porchov
Opočka
Slonim
BARANAVIČY
Vilejka
Hlybokae
Sebež
Novoržev
NOVGOROD
Čudovo
Volchov
Maladzečna
MINSK
Stoŭbcy
Polack
Lepelʼ
Nevelʼ
Cholm
Star. Russa
Mal. Višera
Tichvin
Sluck
BARYSAŬ
Haradok
VELIKIJE LUKI
Valdaj
Boroviči
BELARUSʼ
Asipovičy
Volgoverchovje
Čagoda
BABRUJSK
Toropec
VICEBSK
Valdajskaja vozv.
Bologoje
Pestovo
ORŠA
Ostaškov
Nelidovo
MAHILËŬ
Svetlahorsk
Smolensko-Moskovskaja vozvyšennost
SMOLENSK
Vyšnij Voloček
Žlobin
Kryčaŭ
Safonovo
Ržev
Toržok
Bežeck
HOMELʼ
Počinok
TVER
Rybinskoje vodochr.
Vjazʼma
Volokolamsk
Kimry
Roslavlʼ
Gagarin
Dubna
Klincy
Spas-Demensk
Možajsk
Dmitrov
Kalʼazin
Uglič
ČERNIHIV
Starodub
SERGIJEV POSAD
Rostov
BRʼANSK
Suchiniči
Obninsk
MOSKVA
Nižyn
Pereslavl-Zalesskij
Bachmač
Karačev
PODOLʼSK
Aleksandrov
Šostka
KALUGA
NOGINSK
Belev
SERPUCHOV
Nerechta
Pryluky
Konotop
ORECHOVO-ZUJEVO
IVANOVO
Bolchov
Kašira
Romny
Železnogorsk
TULA
Šuja
UA
Mcensk
KOLOMNA
VLADIMIR
SUMY
Lʼgov
ORʼOL
NOVO-MOSKOVSK
KOVROV
Bogorodick
Gus-Chrustalʼnyj
KURSK
Jefremov
RʼAZANʼ
MUROM
Ochtyrka
Livny
Navašino
POLTAVA
Obojanʼ
Ščigry
Dankov
Kasimov
Bohoduchiv
Jelec
Ražsk
Vyksa
Pavlovo
BELGOROD
Gubkin
Čaplygin
Šilovo
ARZAMAS
CHARKIV
STAR. OSKOL
LIPECK
MIČURINSK
Sasovo
Kazačʼja Sloboda
Čuhuïv
Nov. Oskol
Grʼazi
Balaklija
Kupʼjansʼk
Ostrogožsk
VORONEŽ
Moršansk
Krasnoslobodsk
Izjum
TAMBOV
Rasskazovo
Kovylkino
SLOVʼJANSK
Svatove
Liski
Bobrov
Žerdevka
Kirsanov
Niž. Lomov
Ruzajevka
Rossošʼ
Buturlinovka
Uvarovo
Belinskij
Kamenka
SARANSK
Starobjelʼsʼk
Pavlovsk
Borisoglebsk
HORLIVKA
LYSYČANSʼK
STACHANOV
Boguçar
Kalač
Rtiščevo
PENZA
Nikolʼsk
Inza
Debalʼceve
LUHANSʼK
Kazanskaja
Arkadak
Serdobsk
Gorodišče
Baryš
Krasnodon
114
112

D
E
F
1
2
3
4
5
6
Luleå
Tore
Haparanda
Tornealven
Kittilä
Inari
Tana
Bottenviken
Perämeri
Rovaniemi
Ivalo
Kirkenes
Vardø
Kemi
Janiskoski
Nikel'
Liinachamari
Kokkola
Karleby
Oulu
Priречnyj
Zapol'arnyj
p-ov Rybačij
Verchnetulomskij
MURMANSK
Kovdor
Kola
Severomorsk
Kärsämäki
Kuusamo
Alakurtti
Olenegorsk
Kandalakša
Apatity
Mončegorsk
Kajaani
Zarečensk
P'aozero
Kirovsk
Revda
Lovozero
Tumannyj
Charlovka
Dudinka
Okt'abr'skij
Kuopio
Nurmes
Vojnica
Voknavolok
Kostomukša
Kalevala
Louchi
Umba
200 km
Kolskij p-ov
N
Reboly
Joensuu
Lendery
Ilomantsi
V'artsil'a
Kem'
Kuzomen'
m. Sv'atoj Nos
Soloveckije o-va
Čavanga
Belomorsk
Porosozero
Segeža
Letnyi Navolok
Strel'na
Sosnovka
m. Orlovskij
Kanin
Suojarvi
Pitk'aranta
Medvežjegorsk
Onežskij p-ov
BELOJE MORE
Šojna
p-ov Kanin
K'anda
Malošujka
Verch. Zolotica
PETROZAVODSK
Vel. Guba
Onega
SEVERODVINSK
Mezenskaja guba
ARCHANGEL'SK
Dolgoščel'e
Nes'
Češskaja guba
Pudož
Čekujevo
Novodvinsk
Mezen'
Oma
Veršinino
Cholmogory
Žerd'
Vytegra
Savinskij
Obozerskij
Pinega
Niž. Pe
Severoonežsk
Pleseck
Bol. Niskogora
Kargopol'
Trufanova
Prokšino
Puksoozero
Smolenec
Krečetovo
N'andoma
Karpogory
Belozersk
Bereznik
Šidrovo
Verkola
Čuprovo
Konoša
Gorodeck
Vožgora
Myla
REPOVEC
Šenkursk
N'uchča
Lat'uga
Charovsk
Bel'sk
Kondratovskaja
Jortom
Sokol
Bestuževo
Dvinskoj
VOLOGDA
Kostylevo
Koslan
Grazovec
Tot'ma
Usogorsk
Kartajol'
Soligalič
N'uksenica
Komorovo
Mešćura
Krasavino
Kotlas
Jarensk
Vel. Ust'ug
Kor'ažma
R'abovo
Mikun'
Emba
UCHTA
Galič
Luza
Ropča
Fominskij
Neja
Nikol'sk
SYKTYVKAR
Niž. O
Savinob
Zanulje
Nivšera
Vojvož
Makarjev
Manturovo
Pin'ug
Vizinga
Šarja
Oparino
Ust'-Kulom
Pomozdino
Vondanka
Lopydino
Myjoldino
Vetluga
Kažym
Keros
Jugyd"ag
Semenov
Uren'
Muraši
Šachunja
Chalturin
Verch. Voč
NOVGOROD
Kotel'nič
Slobodskoj
Lojno
Kaj
Gajny
Kurja
KIROV
Jaransk
Kirs
Belaja Cholunica
Sovetsk
Nyrob
Zujevka
Omutninsk
Kosa
BOKSARY
JOŠKAR-OLA
Kyrčany
Krasnovišersk
Kokšajsk
Afanasjevo
Gubdor
Maríinskij Posad
Uržum
Uni
Kudymkar
Zelenodol'sk
GLAZOV
SOLIKAMSK
Kuliga
BEREZNIKI
Ust'-Požva
Malmyž
KAZAN'
Kizel
Kamskoje vdchr.
Karpinsk
Sosnovka
IŽEVSK
Dobr'anka
113
116

112

A
B
C
1
2
3
4
5
6
ODESA
KIROVOHRAD
OLEKSANDRIJA
KREMENČUK
POLTAVA
SUMY
KURSK
OR'OL
Livny
Ochtyrka
Bohoduchiv
BELGOROD
Gubkin
JELEC
MYKOLAJIV
KRYVYJ RIH
CHERSON
DNIPROPETROVSK
CHARKIV
STAR. OSKOL
Nova Kachovka
Skadovs'k
Čornomors'ke
Askanija Nova
Kam'janka Dniprovs'ka
NIKOPOL'
PAVLOHRAD
Lozova
Balaklija
Kup'jans'k
Ostrogožsk
Izjum
Liski
ZAPORIŽŽJA
JEVPATORIJA
Džankoj
Heničes'k
MELITOPOL'
Polohy
SLOV'JANSK
Svatove
Rossoš'
Bobrov
KOSTJANTYNIVKA
Starobjel's'k
SIMFEROPOL'
Jalta
Alušta
Sudak
Feodosija
Prymors'k
DONEC'K
HORLIVKA
LYSYČANS'K
Pavlovsk
Bogučar
Kalač
BERDJANS'K
MAKIJIVKA
Debal'ceve
STACHANOV
MARIUPOL'
LUHANS'K
Kazanskaja
KERČ
AZOVSKOJE MORE
Krasnodon
Millerovo
TAGANROG
Jejsk
NOVOŠACHTINSK
Kamensk-Šachtinskij
Temr'uk
Azov
ŠACHTY
Anapa
Primorsko-Achtarsk
Starominskaja
ROSTOV-na-DONU
Serafimovič
NOVOROSSIJSK
Timaševsk
Zernograd
Konstantinovsk
Surovikino
KRASNODAR
Pavlovskaja
Ciml'ansk
Kalač-na-Donu
Džubga
Ust'-Labinsk
Tichoreck
Sal'sk
VOLGODONSK
Zimovniki
Tuapse
MAJKOP
Kropotkin
Proletarsk
VOLGOGRAD
ČERNOJE MORE
SOČI
Chamyški
ARMAVIR
STAVROPOL'
Divnoje
Gagra
Iljič
Svetlograd
Elista
SUHUMI
Čerkessk
NEVINNOMYSSK
Blagodarnyj
Cagan-Aman
Dombaj
Arzgir
Jessentuki
Mineral'nyje Vody
Jaškul'
TRABZON
Očamčire
KISLOVODSK
P'ATIGORSK
Budennovsk
Rize
Poti
Mestia
BATUMI
Hopa
Prochladnyj
Komsomol'skij
KUTAISI
NAL'ČIK
Mozdok
Jandyki
Artvin
Alagir
Karagas
ERZURUM
Ardahan
Beslan
Lagan'
Kamyz'ak
VLADIKAVKAZ
Kočubej
Horasan
Kars
Kazbegi
GROZNYJ
Kizl'ar
Gudermes
Krajnovka
GYOWMRI
TBILISI
Chasav'urt
Botlich
VANAJOR
HAYASTAN
Ağri
MACHAČKALA
Ejmiacin
Sevan
Bautino
JEREVAN
Zaqatala
Izberbaš
Fort Ševčenko
VAN
Artašat
GĚNCĚ
Šěki
Derbent
Māku
Naxçivan
Mingěçevir
AKTAU
Khoy
Yevlax
Xankěndi
Quba
AZĚRBAYCAN
Xaçmaz
Jolfa
Megri
Fizuli
Kürdemir
Siyězěn
URMIYEH
Jeralijev
Šamaxi
TABRĪZ
SUMQAYIT
Kazachskij zaliv
Ahar
Guermi
Salyan
BAKI
Fetisovo
Marāgheh
Miandoab
Neftçala
Mäsalli
Bekdaš
KASPIJSKOJE
ARDEBIL
Astara
Kara-Bogaz-Gol
Saqqez
Mianeh
Talesh
ÎRÂN
TURK
MENOSTAN
Kuuli-Majak

114

113
115
VLADIMIR
KOVROV
Vičuga
Makarjev
Manturovo
Jurjevec
Čkalovsk
NOVOMOSKOVSK
Gus'-Chrustal'nyj
R'AZAN'
MUROM
Navašino
DZERŽINSK
Vetluga
Vondanka
Pin'ug
Oparino
Dankov
R'ažsk
Kasimov
Vyksa
Pavlovo
Bor
Semenov
Uren'
Šachunja
Muraši
Čaplygin
Šilovo
Sasovo
Kazačja Sloboda
ARZAMAS
NIŽ. NOVGOROD
Kotel'nič
Chalturin
KIROV
MIČURINSK
Lyskovo
Jaransk
Moršansk
Sergač
Krasnoslobodsk
Sovetsk
Kyrčany
TAMBOV
Rasskazovo
Kovylkino
ČEBOKSARY
JOŠKAR-OLA
Zujevka
Koksajsk
NOVOČEBOKSARSK
Kirsanov
Niž. Lomov
Ruzajevka
Ardatov
Marijinskij Posad
Uržum
Uni
Belinskij
Uvarovo
Kamenka
SARANSK
Alatyr'
Kanaš
Zelenodol'sk
Borisoglebsk
Rtiščevo
PENZA
Nikol'sk
Sura
Malmyž
Inza
KAZAN'
Arkadak
Serdobsk
Gorodišče
Baryš
Kujbyševskoje vdchr.
Sosnovka
IŽEVSK
Možga
Petrovsk
Elabuga
Atkarsk
Čistopol'
Kuzneck
UL'JANOVSK
NIŽNEKAMSK
SARAPUL
Žirnovsk
SARATOV
SYZRAN'
DIMITROVGRAD
NABEREŽNYJE ČELNY
Volžskaja vozvyšennost'
TOL'JATTI
Nurlat
POKROVSK
Vol'sk
Chvalynsk
AL'METJEVSK
Rovnoje
NOVOKUJBYŠEVSK
Bakaly
Krasnyj Kut
BALAKOVO
SAMARA
OKT'ABR'SKIJ
Birsk
Nikolajevsk
Pugačev
Severnoje
Bugurusian
Jeršov
Neftegorsk
Belebej
Čišmy
UFA
Pallasovka
Perel'ub
Bol. Glušica
Abdulino
Džanybek
Novouzensk
Ozinki
Talovaja
Buzuluk
Davlekanovo
El'ton
Bogatyrevo
Berezino
Kamenka
Soboljevo
STERLITAMAK
Bisen
Kaztalovka
ORAL
Soročinsk
Šarlyk
SALAVAT
Samara
Meleuz
Furmanovo
Fedorovka
Perevolockij
Beloreck
Ilek
Kumertau
Kaga
Čapajevsk
Aksaj
Nov. Kazanka
ORENBURG
Čingirlau
Is'angulovo
Bajmak
Džambejty
Saraktaš
Južnyj Ural
Kizil'skoje
Antonovo
Sol'-Ileck
Ural
Kuvandyk
Prikaspijskaja nizmennost'
Kulagino
Karatobe
Lebedevka
Mednogorsk
Inderborskij
Karaoj
Energetik
Martuk
Novoaleksejevka
Mijaly
Akžaik
Karabau
NOVOTROICK
ORSK
Šil'da
Novobogatinskoje
Uil
AKTOBE
Pešnoj
Dombarovskij
Alga
ATYRAU
Dossor
Makat
Sagiz
Šubarkuduk
Chromtau
So'uznoje
Svetlyj
Okt'abr'sk
Korsak
Bajganin
Kumsaj
Kenkijak
Komsomol'skoje
Kul'sary
Karabutak
Žarkamys
Karaton
Embi
Emba
Mugodžary
Žaba
Kalamkas
Prorva
Ojmaut
Tymabulak
Opornyj
Kyzan
Irgiz
Akšiganak
Kara-Kajdak
Čelkar
Turgaj
Saj-Utes
Bejneu
Nura
Begimbet
Peski Bol. Barsuki
Šilikty
Kujlys
Kanbakty
Karakalpakija
Saksaul'skij
Abaj
Aral'
o. Barsakelmes
Bogun'
Plato Ustjurt
ARAL'SKOJE MORE
Žaslyk
Kazalinsk
ŬZBEKISTON
200 km
M5
M7
E30
M32
E115
M6

113
A
B
C
1
2
3
4
5
6
Vereščagino
IŽEVSK
BOTKINSK
Ust'-K
Dobr'anka
Kizel
Severural'sk
g. Konžakovskij Kamen'
1569
Krasnoturjinsk
Karpinsk
SEROV
Sovetskij
Šantal'skaja
Šaim
Eliz
PERM'
Medvedka
Lobva
Čusovoj
Kačkanar
Sos'va
Tavda
Pelym
Uraj
Čajkovskij
Kungur
Gari
NEFTEKAMSK
Rošča
Kušva
Janaul
Černuška
NIŽ. TAGIL
Machnevo
Meždurečnskij
Srednij Ural
Verch. Salda
Nevjansk
Krasnoufimsk
Alapajevsk
Konda
Tura
SKIJ
Birsk
PERVOURAL'SK
Tabory
Kondinskoje
Uta
EKATERINBURG
Turinsk
Kuminskij
Niž. Sergi
Artemovskij
UFA
Polevskoj
Irbit
Tavda
Ryn'a
Uvat
Aša
Asbest
M5
M36
Mes'agutovo
Kamyšlov
386
Belaja
Satka
Kyštym
325
Talica
TAMAK
Katab-Ivanovsk
ZLATOUST
KAMENSK-URAL'SKIJ
T'UMEN'
Tobol'sk
Katajsk
Dalmatovo
g. Jamantau
1640
VAT
230
Jarkovo
237
Vagaj
Šadrinsk
Beloreck
MIASS
ČEL'ABINSK
Jalutorovsk
Kordon
Kaga
Učaly
205
Zavodoukovsk
Južnouralsk
KOPEJSK
M51
284
Južnoural'sk
Aromaševo
Stepnoje
Šumicha
Miškino
KURGAN
297
Golyšmanovo
Išim
Bajmak
MAGNITOGORSK
Troick
Okt'abr'skoje
Vikulo
Kizil'skoje
309
Peškovka
Celinnoje
Armizonskoje
Išim
Abatskij
272
Makušino
Federovka
Kartaly
Zverinogolovskoje
Vvedenka
Borovskoj
438
Energetik
Nikolajevka
Trojebratskij
314
PETROPAVL
RUDNYJ
KOSTANAJ
Šil'da
Džetygara
Tobol
217
Nazyv
Sergejevka
Lisakovsk
Bulajevo
rovskij
Vostočnyj
Urickij
271
175
Smirnovo
261
Adajevka
Semiozernoje
Kujbyševskij
Rošinskoje
Ždanovo
Isil'kul'
So'uznoje
Karasu
Svetlyj
Kosagal
Volodarskoje
Poltavka
Kušmurun
Krasnoarmejsk
Severnoje
Komsomol'skoje
Aralkol'
Čistopolje
KÖKČETAU
236
Ode
Žabasak
M36
Ščučinsk
Esil'
Kzyltu
Burevestnik
Damdy
Ajsary
ymabulak
Žaksy
Balkašino
oz. Siletiteniz
367
oz. Sarykopa
Makinsk
Deržavinsk
Ul'kajak
Atbasar
Kijma
298
Kajra
Akšiganak
Torgaj
Amangel'dy
Aksu
Tasty-Taldy
Torgaj
Žaltyr
Gagarinskij
Aleksejevka
Nura
Ladyženka
256
Seletinskoje
Razu
Arkalyk
Krasnoznamenskoje
ys
Talguj
Matrosovo
oz. Tengiz
Karasu
Ekidin
Jermentau
Rachmet
Kovyl'noje
ASTANA
Žanteke
Side
Višnevka
306
219
419
EKIBA
g. Ulytau
1133
Osakarovka
A
Baršino
Molodežnyj
Ulytau
Kijevka
Betbulak
Bajkonur
TEMIRTAU
Šachtinsk
Žezdi
Satpajev
Saran'
KARAĜANDY
K
ŽEZKAZĜAN
521
M36
Sarysu
oz. Ka
Kyzylžar
Atasu
Karkaralinsk
Žaryk
Karaga
Karažal
Aksu-Ajuly
S
alagaš
414
Agadyr'
Aktogaj
g. Aksoran
1565
KYZYLORDA
oz. Karakojyn
Akčatau
Ta
Džambul
T
Sarysu
365
oz. Aščikol'
767
g. Bolattau
Ajyr
Betpak-Dala
Mojynty
200 km
Čiili
306
279
Bakyrly
Žuantobe
Balkač
auy
N
Saryšagan
anykurgan
Suzak
2176
269
Ulan
Karaoj
rkestanskij
116
Kazachskij melkosopočnik

D
E
F
122
1
2
3
4
6
Charampur
Nojabr'sk
Chal'asavej
Kikkiakki
Ratta
Vereščag
Surgutich
Tata
Sibirskije Uvaly
Neftejugansk
SURGUT
252
150
Ob'
Agan
Novoagansk
Langepas
Pyt'-Jach
Kolek''egan
Megion
NIŽNEVARTOVSK
Sosnovyj Bor
Korliki
Kellog
Kajukova
Streževoj
Lar'jak
Vach
Taz
Aleksandrovskoje
Demjanka
Nefedova
Gerasimovka
Nazino
Pyrčino
Vanžil'-Kynak
Sym
Želtyj Jar
Vas'ugan
Sr. Vas'ugan
Nekotka
Napas
Tym
Nov. Vas'ugan
Kargasok
Beresovka
Pajdugina
Vasjuganskaja ravnina
Ob'
Čižapka
Parabel'
Lisica
Vasiss
Vesely
Novikovo
Kolpaševo
Ust'-Ozer
Ket'
Tara
Sedel'nikovo
Mogil'nyj Mys
Belyj Jar
Stepanovka
Orlovka
Kedrovyj
Čulym
Muromcevo
Kyštovka
Vysokij Jar
Mogočin
Baturino
295
327
Timofejevka
Bakčar
Čička'ul
Ust'-Tarka
Severnoje
Nov. Burka
Krasnyj Jar
374
Pol'ukanovo
Mel'nikovo
Mor'akovskij Zaton
Asino
Tegul'det
Kalačinsk
Tatarsk
Čany
Kujbyšev
Balman
Ponomarevka
Zyr'anskoje
Izotovo
Barabinsk
342
TOMSK
223
Postnikovo
Forpost-Kargat
99
Tajga
Mariinsk
2
Kargat
Čulym
168
Jurga
ANŽERO-SUDŽENSK
170
189
oz. Čany
Kupino
Edvinsk
M51
Kočenevo
M53
Toguči n
Berezovskij
Itatskij
407
M38
NOVOSIBIRSK
106
KEMEROVO
Gor'ačegorsk
Irtyšsk
267
Berdsk
Topki
96
Kočki
119
Central'nyj
Kačiry
Karasuk
81
Novosibirskoje vdchr.
Iskitim
256
Promyšlennaja
Karasuk
M52
KOLČUGINO
147
Kamen'-na-Obi
Čerepanovo
Slavgorod
Suzun
229
BELOVO
oz. Kulundijskoje
133
Tal'menka
Salair
KISELEVSK
Kommunar
PAVLODAR
Kulunda
Blagoveščenka
Pavlovsk
151
135
PROKOPJEVSK
NOVOKUZNECK
Šerbakty
Novoaltajsk
2178
Jermak
542
353
Bukanskoje
BARNAUL
Martynovo
MEŽDUREČENSK
Jesil'baj
Osinniki
ABA
Leb'ažje
Volčicha
280
Alejsk
Troickoje
251
254
159
Kyzylokt'abr
Michajlovskij
Pospelicha
BIJSK
Solton
Taštagol
178
318
Kojanbaj
158
Smolenskoje
Askiz
RUBCOVSK
Belokuricha
90
Abakan
Abaza
Bija
Zmeinogorsk
Gorno-Altajsk
Dolon'
157
Gorn'ak
Katun'
Artybaš
Bol. Akžar
Čaryšskoje
Bol. On
Čagan
Čemal
oz. Teleckoje
Zapadnyj Sajan
60
2930
g. Karagoš
91
SEMEY
Šemonaicha
Ust'-Kan
175
245
163
Leninogor
Tuekta
Predgornoje
1492
Ak-Dovurak
267
114
Altaj
115
In'a
Ust'-Ulagan
Teeli
189
Čarsk
182
ÖSKEMEN
Karaul
332
Serebr'ansk
Zyrjanovsk
T'ungur
Tannu-Ola
Georgijevka
g. Beluchа
3970
83
4506
M52
Žarma
Buchtarma
Bachmanovskije Kl'uči
189
Kaznakovka
Tašanta
6
Madenijet
199
Cagaannuur
Kokpekty
387
Bol'šenarymskoje
Nogoonnuur
140
Ajaguz
Maralicha
Sorvenok
386
Zajsan Kol
134
Aktogaj
Belaja Škola
M38
Ölgij
Taskesken
240
117
CHINA

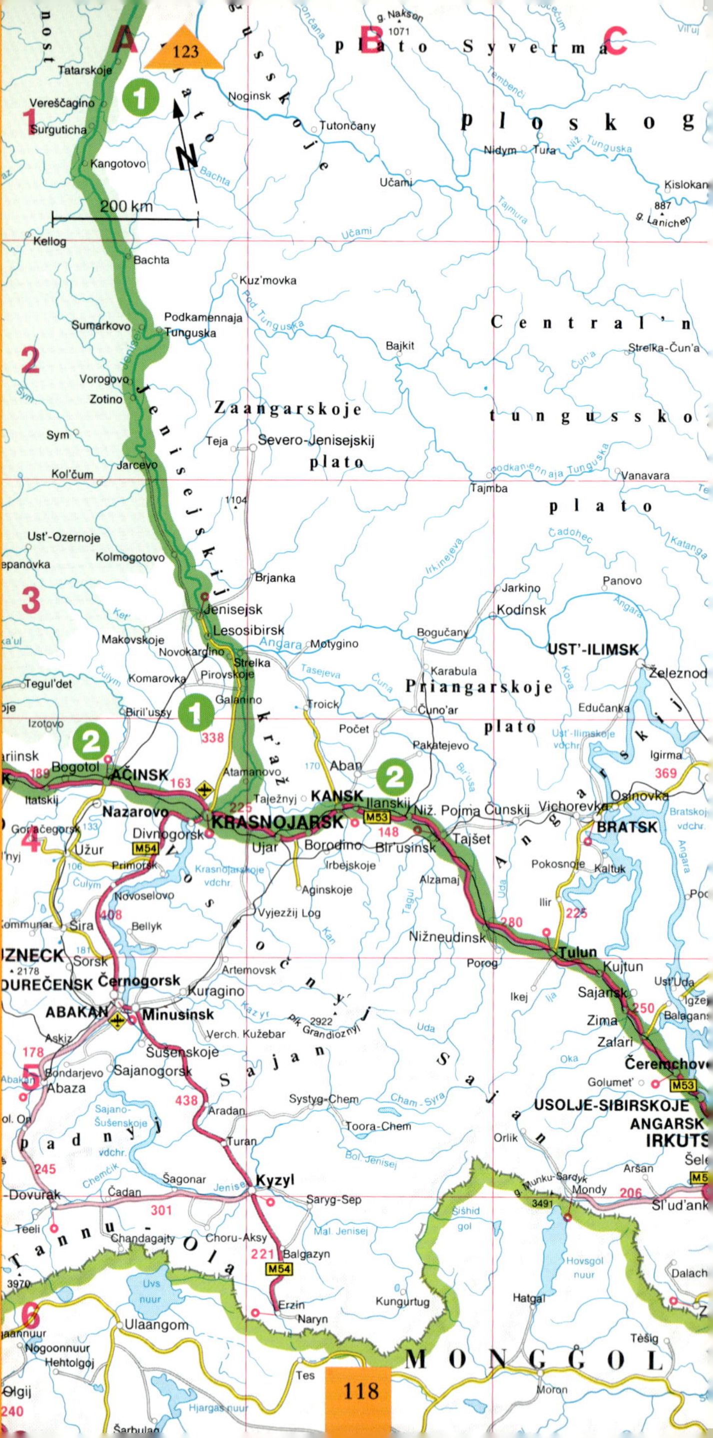

123
118
A
B
C
1
2
3
4
5
6
200 km
N
g. Nakson
1071
plato Syverma
ploskog
Tatarskoje
Vereščagino
Surguticha
Kangotovo
Kellog
Bachta
Noginsk
Tutončany
Učami
Nidym
Tura
Niž. Tunguska
Kislokan
887
g. Lanichen
Tembenči
Tajmura
Kuz'movka
Pod. Tunguska
Sumarkovo
Podkamennaja
Tunguska
Bajkit
Central'n
Strelka-Čun'a
Čun'a
Vorogovo
Zotino
Sym
Zaangarskoje
Severo-Jenisejskij
plato
tungussko
Teja
Jarcevo
Kol'čum
Jenisejskij
Podkamennaja Tunguska
Vanavara
Tajmba
plato
1104
Ust'-Ozernoje
Kolmogotovo
epanovka
Čadohec
Katanga
Irkinejeva
Brjanka
Jarkino
Kodinsk
Panovo
Angara
Jenisejsk
Lesosibirsk
Makovskoje
Novokargino
Angara
Motygino
Bogučany
UST'-ILIMSK
Strelka
Tasejeva
Čuna
Karabula
Železnod
Tegul'det
Komarovka
Pirovskoje
Priangarskoje
Čulym
Galanino
Troick
Čuno'ar
Edučanka
Biril'ussy
plato
Izotovo
338
Počet
Pakatejevo
Ust'-Ilimskoje vdchr.
Igirma
ariinsk
Bogotol
AČINSK
Atamanovo
170
Aban
369
189
163
Itatskij
Taježnyj
KANSK
Ilanskij
Osinovka
Nazarovo
225
Niž. Pojma
Čunskij
Vichorevka
Bratskoje vdchr.
Goračegorsk
133
KRASNOJARSK
M53
BRATSK
Divnogorsk
148
Tajšet
M54
Ujar
Borodino
Bir'usinsk
Užur
Primorsk
Irbejskoje
Pokosnoje
Kaltuk
Krasnojarskoje vdchr.
106
Čulym
Aginskoje
Alzamaj
Novoselovo
Ilir
Vyjezžij Log
Tagul
Uda
225
Kommunar
Šira
408
Bellyk
Kan
280
Nižneudinsk
181
UZNECK
Sorsk
2178
Artemovsk
Porog
Tulun
Kujtun
DUREČENSK
Černogorsk
Kuragino
Ikej
Sajansk
Ust'Uda
ABAKAN
Minusinsk
250
Balagans
Askiz
Verch. Kuzebar
2922
pik Grandioznyj
Uda
Zima
178
Šušenskoje
Zalari
Bondarjevo
Sajanogorsk
Čeremchovo
Abakan
Abaza
Oka
Golumet'
M53
438
Systyg-Chem
Cham-Syra
USOLJE-SIBIRSKOJE
Sajano-Šušenskoje vdchr.
Aradan
Toora-Chem
ANGARSK
ol. On
IRKUTS
Turan
Orlik
Bol. Jenisej
padnyj
Sajan
Aršan
Šele
Chemčik
Kyzyl
g. Munku-Sardyk
245
Šagonar
Jenisej
3491
Mondy
M5
Dovurak
Čadan
Saryg-Sep
206
301
Sl'ud'ank
Šišhid gol
Teeli
Mal. Jenisej
Chandagajty
Choru-Aksy
Tannu-Ola
221
Balgazyn
Hovsgol nuur
Dalach
M54
3970
Uvs nuur
Erzin
Kungurtug
Hatgal
Naryn
Ulaangom
aannuur
Tėsig
Nogoonnuur
MONGGOL
Hehtolgoj
Tes
Olgij
Moron
240
Hjargas nuur
Šarbulag

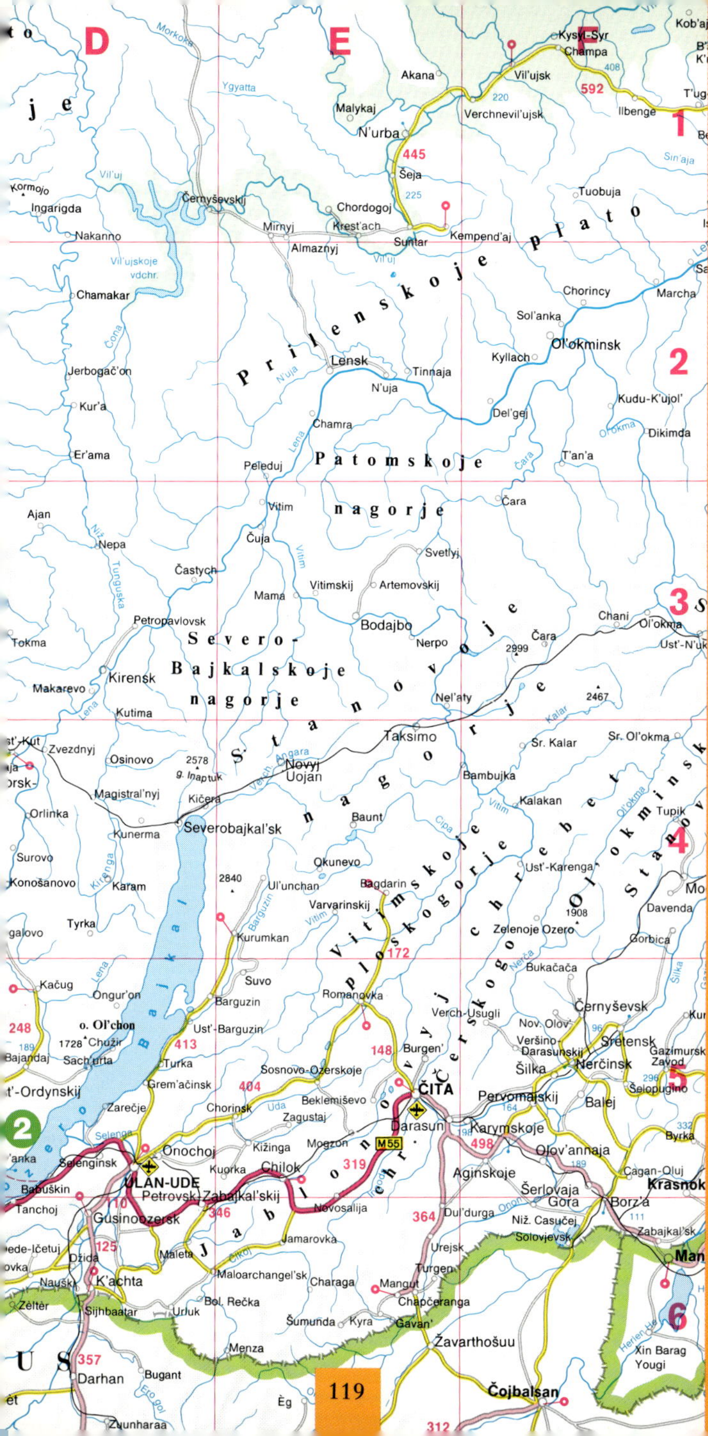
D
E
F
1
2
3
4
5
6
Kysyl-Syr
Champa
Kob'aj
Akana
Vil'ujsk
408
592
Ygyatta
Morkoka
220
T'ug
Ilbenge
Verchnevil'ujsk
Malykaj
N'urba
445
Šeja
Sin'aja
Vil'uj
Kormojo
Ingarigda
Černyševskij
225
Chordogoj
Tuobuja
Nakanno
Mirnyj
Krest'ach
Suntar
Kempend'aj
Almaznyj
Vil'ujskoje vdchr.
Chamakar
Chorincy
Marcha
Prilenskoje plato
Sol'anka
Ol'okminsk
Čona
Kyllach
Lensk
Tinnaja
Jerbogač'on
N'uja
Kur'a
Kudu-K'ujol'
Del'gej
Chamra
Olokma
Dikimda
Er'ama
Lena
Patomskoje nagorje
T'an'a
Peleduj
Čara
Vitim
Ajan
Niž. Tunguska
Nepa
Čuja
Svetlyj
Častych
Vitimskij
Artemovskij
Mama
Petropavlovsk
Bodajbo
Chani
Ol'okma
Tokma
Severo-Bajkalskoje nagorje
Nerpo
2999
Ust'-N'uk
Kirensk
Makarevo
Nel'aty
2467
Kutima
Stanovoje nagorje
Taksimo
Sr. Ol'okma
Zvezdnyj
Sr. Kalar
Kalar
Osinovo
2578
g. Inaptuk
Verch. Angara
Novyj Uojan
Bambujka
Magistral'nyj
Kičera
Kalakan
Tupik
Orlinka
Baunt
Severobajkal'sk
Kunerma
Cipa
Olokminskij Stanovik
Surovo
Okunevo
Ust'-Karenga
Konošanovo
Kirenga
Karam
2840
Ul'unchan
Bagdarin
Varvarinskij
Davenda
Tyrka
Barguzin
1908
Vitimskoje ploskogorje
Olekminskij chrebet
Zelenoje Ozero
Gorbica
Kurumkan
172
Bukačača
Šilka
Kačug
Suvo
Ongur'on
Romanovka
Černyševsk
Barguzin
Bajkal
248
o. Ol'chon
Verch-Usugli
189
1728
Čužir
Ust'-Barguzin
Nov. Olov'
96
Sretensk
413
Veršino-Darasunskij
Gazimurskij Zavod
Bajandaj
Sach'urta
148
Burgen'
Turka
Sosnovo-Ozerskoje
Šilka
Nerčinsk
296
Ust'-Ordynskij
Grem'ačinsk
404
ČITA
Šelopugino
Pervomajskij
Zarečje
Chorinsk
Uda
Beklemiševo
164
Balej
Zagustaj
Darasun
Karymskoje
332
Selenga
198
Byrka
Onochoj
Kižinga
Mogzon
M55
498
Olov'annaja
Selenginsk
Chilok
319
189
Cagan-Oluj
ULAN-UDE
Kuorka
Ingoda
Aginskoje
Krasnok
Babuškin
Jablonovyj chrebet
Čerskogo chrebet
Šerlovaja Gora
Petrovsk-Zabajkal'skij
Tanchoj
Novosalija
Borz'a
10
364
Dul'durga
Onon
Niž. Casučej
111
Gusinoozersk
346
Solovjevsk
Zabajkal'sk
125
Jamarovka
Urejsk
Maleta
Džida
Čikoj
Turgen
Man
K'achta
Maloarchangel'sk
Charaga
Naušk
Mangut
Zeltér
Chapčeranga
Sijhbaatar
Bol. Rečka
Urluk
Šumunda
Kyra
Gavan'
Herlen He
Xin Barag Yougi
Žavarthošuu
Menza
357
Darhan
Bugant
Ero gol
Čojbalsan
Èg
Zuunharaa
312

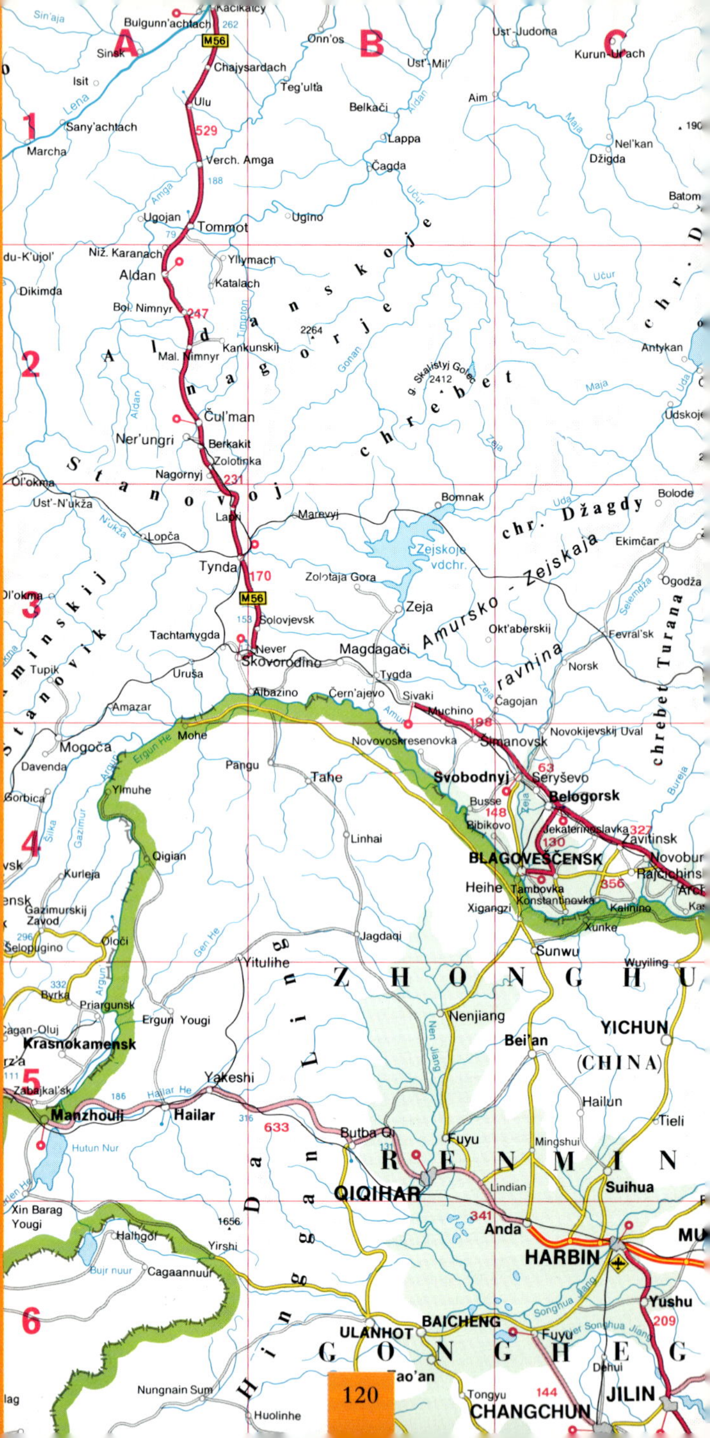

A
B
C
1
2
3
4
5
6
Sin'aja
Bulgunn'achtach
Kačikatcy
262
M56
Onn'os
Ust'-Judoma
Kurun-Urach
Sinsk
Isit
Lena
Chajysardach
Teg'ulťa
Ust'-Mil'
Aim
Belkači
Aldan
Ulu
529
Sany'achtach
Marcha
Lappa
Maja
Nel'kan
Džigda
Verch. Amga
Čagda
188
Amga
Učur
Batom
Ugojan
Tommot
Ugino
79
Niž. Karanach
du-K'ujol'
Yllymach
Aldan
Katalach
Dikimda
Učur
Bol. Nimnyr
247
Timpton
2264
Kankunskij
Mal. Nimnyr
Gonam
Antykan
g. Skalistyj Golec
2412
Maja
Uda
Udskoje
Čul'man
Ner'ungri
Berkakit
Zolotinka
Zeja
Nagornyj
231
Aldanskoje nagorje
chrebet
Stanovoj chrebet
Ol'okma
Ust'-N'ukža
Bomnak
Uda
Bolode
Lapri
Marevyj
N'ukža
Lopča
chr. Džagdy
Ekimčar
Zejskoje vdchr.
Tynda
170
Zolotaja Gora
Ogodža
M56
Ol'okma
Zeja
Selemdža
Amursko - Zejskaja ravnina
153
Solovjevsk
Okťaberskij
Tachtamygda
Fevral'sk
Never
Magdagači
Skovorodino
Norsk
Tupik
Uruša
Tygda
Olekminskij Stanovik
Albazino
Čern'ajevo
Sivaki
Zeja
Čagojan
Amazar
Amur
Muchino
198
Mohe
Novovoskresenovka
Šimanovsk
Novokijevskij Uval
Mogoča
Ergun He
Pangu
Tahe
63
Davenda
Svobodnyj
Seryševo
chrebet Turana
Argun
Belogorsk
Gorbica
Ylmuhe
Busse
148
Bureja
Bibikovo
Zeja
Jekaterinoslavka
327
Šilka
Gazimur
Linhai
130
Zavitinsk
Qigian
BLAGOVEŠČENSK
Novobur
Kurleja
Heihe
Tambovka
356
Rajčichinsk
Gazimurskij Zavod
Xigangzi
Konstantinovka
Kalinino
Gen He
296
Oloči
Jagdaqi
Xunke
Selopugino
Sunwu
Yitulihe
Wuyiling
332
Byrka
Argun
ZHONGHUA
Priargunsk
Nenjiang
Cagan-Oluj
Ergun
Yougi
YICHUN (CHINA)
Krasnokamensk
Nen Jiang
Bei'an
Yakeshi
Zabajkal'sk
186
Hailar He
Hailun
Manzhouli
Hailar
316
633
Tieli
Hutun Nur
Butba Qi
Fuyu
Mingshui
REN MIN
QIQIHAR
Lindian
Suihua
Xin Barag Yougi
1656
341
Anda
Halhgol
Yirshi
MU
HARBIN
Bujr nuur
Cagaannuur
Songhua Jiang
Yushu
BAICHENG
ULANHOT
Fuyu
Songhua Jiang
209
Da Hinggan Ling
GONGHEG
Dehui
Tao'an
Nungnain Sum
Tongyu
144
JILIN
Huolinhe
CHANGCHUN

D
E
F
OCHOTSKOJE MORE
1
2
3
4
5
6
200 km
N
m. Elizavety
Nyvrovo
Kolendo
Ocha
Sachalinskij zaliv
Neftegorsk
Garomaj
Nogliki
Pogibi
Lazarev
Nikolajevsk na Amure
Mago
Mnogoveršinnyj
Litke
Bol. Šantar
o. Bol. Šantar
o. Mal. Šantar
Tugurskij zal.
Ul'banskij zal.
Tugur
Kn'azevo
Cherpuči
Krasnyj Jar
Amgun'
Amur
Solonciy
Marijinskoje
oz. Udyl'
Guga
Lopatina
1609
Tymovskoje
Aleksandrovsk-Sachalinskij
o. Sachalin
183
56
127
Smirnych
Vladimirovo
75
Poronajsk
m. Terpenija
zaliv Terpenija
Bošn'akovo
Šachtersk
143
79
281
Makarov
Uglegorsk
138
Vostočnyj
Krasnogorsk
Vzmorje
290
Dolinsk
Iimskij
Južno-Sachalinsk
168
122
49
Čechov
119
Novikovo
Aniva
Korsakov
m. Aniva
Cholmsk
106
Nevel'sk
78
Kirillovo
zal. Aniva
Sebunino
Krilon
proliv Lapěrusa
Soya-kaikyo
Wakkanai
Rebun-tō
Rishiri-tō
Nayoro
250
Rumoi
137
OTARU
Hakodate
282
NIHON-KOKU
Okushiri-tō
Fukushim
(JAPAN)
NIHON KAI
SEA OF JAPAN
Hakodate
Magadan
Petropavlovsk-Kamčatskij
Wŏnsan
Tamarskij proliv
im. P. Osipenko
oz. Čukčagirskoje
Briakan
Novoiljinovka
Tumnin
Berezovyj
Kondon
Vysokogornyj
Gurskoje
Datta
Vanino
Solnečnyj
KOMSOMOL'SK-na-AMURE
Sovetskaja Gavan
Gornyj
Amursk
El'ban
Koppi
404
Bolon'
Innokent'evka
2077
g. Tardoki-Jani
Slav'anka
Mogdy
Bureinskij chrebet
Litovko
Majak
Chor
Nel'ma
Sichote-Alin'
Voločajevka 2-ja
CHABAROVSK
Birobidžan
176
M60
Gvas'ugi
Smidovič
Bičevaja
Birakan
149
Fuyuan
Chor
Svetlaja
121
2004
V'azemskij
Kuznecovo
Nižneleninskoje
350
Amgu
Bikin
Lončakovo
Bikin
Vostok
Novoje
Tongjiang
Raohe
Vasiljevka
Velikaja Kema
Lučegorsk
Songhua Jiang
Fujin
79
Ternej
Hutou
Dal'nerečensk
Plastun
SHUANYASHAN
123
Ariadnoje
Dal'negorsk
JIAMUSI
Hulin
Lesozavodsk
98
Rudnaja Pristan'
Huanan
Kirovskij
258
Kavalerovo
Turij Rog
183
oz. Chanka
77
161
Spassk-Dal'nij
Ol'ga
JIXI
129
Novomichajlovka
199
Chorol'
Arsenjev
Pograničnyj
Sibircevo
Milogradovo
140
132
71
USSURIJSK
Suiyang
Partizansk
Preobraženije
Razdol'noje
98
Artem
Zapovednyj
M60
Bol. Kamen'
NACHODKA
169
VLADIVOSTOK
279
Slav'anka
Jingpo
Tumen
Kraskino
YANJI
Dunhua
Chasan
Undak
Rajin

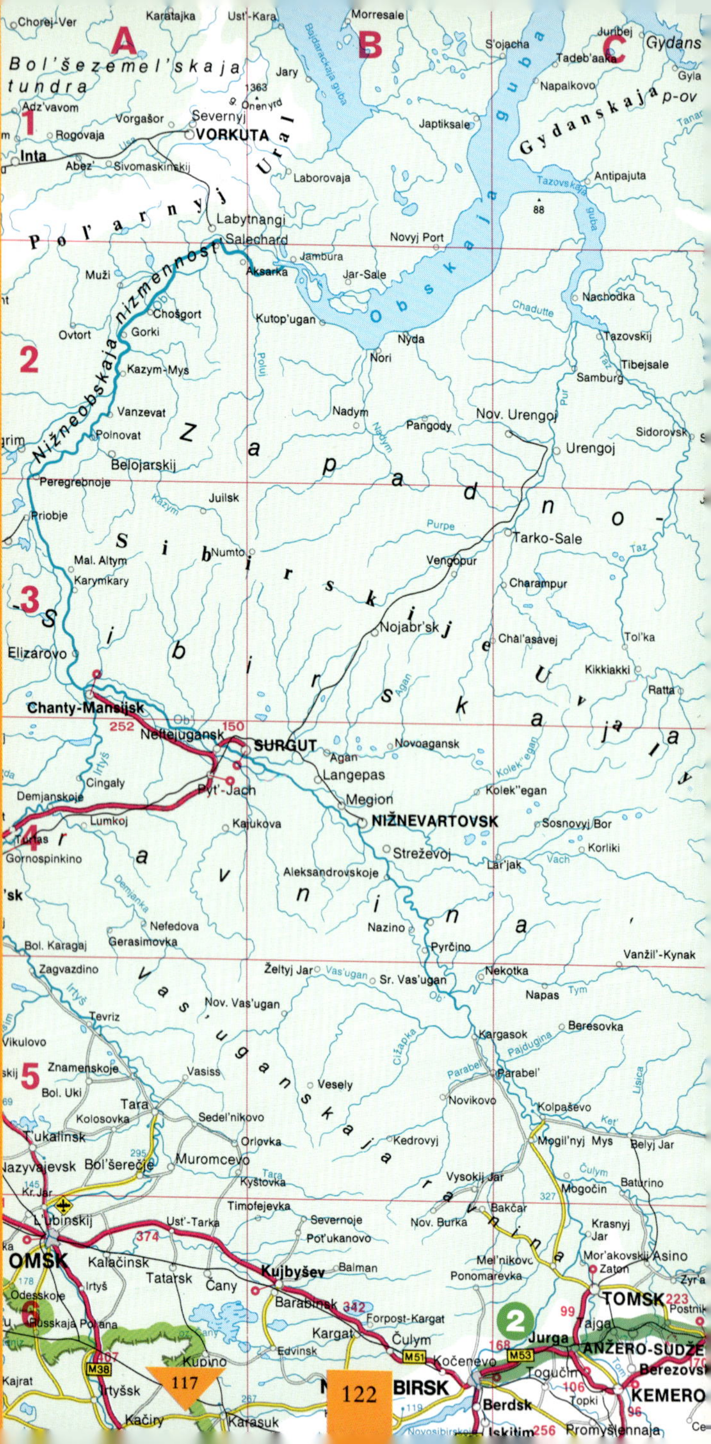
A
B
C
1
2
3
4
5
6
Bol'šezemel'skaja tundra
Chorej-Ver
Karatajka
Ust'-Kara
Morresale
Bajdarackaja guba
Jary
1363
g. Ônenyrd
Adz'vavom
Vorgašor
Severnyj
VORKUTA
Rogovaja
Inta
Abez'
Sivomaskinskij
Usa
Poľarnyj Ural
Laborovaja
Labytnangi
Salechard
Jambura
Aksarka
Jar-Sale
Novyj Port
S'ojacha
Juribej
Tadeb'aaka
Gydans
Gyla
Napalkovo
Gydanskaja p-ov
Japtiksale
Tanam
Antipajuta
Tazovskaja guba
88
Obskaja guba
Nachodka
Chadutte
Tazovskij
Tibejsale
Samburg
Taz
Pur
Nižneobskaja nizmennost'
Muži
Ob
Chošgort
Gorki
Ovtort
Kazym-Mys
Kutop'ugan
Nyda
Nori
Poluj
Nadym
Pangody
Nov. Urengoj
Urengoj
Sidorovsk
Vanzevat
Polnovat
Belojarskij
Peregrebnoje
Priobje
Juilsk
Kazym
Zapadno-Sibirskaja ravnina
Sibirskije Uvaly
Purpe
Tarko-Sale
Numto
Mal. Altym
Karymkary
Vengapur
Charampur
Nojabr'sk
Chal'asavej
Tol'ka
Elizarovo
Kikkiakki
Ratta
Agan
Chanty-Mansijsk
252
150
Neftejugansk
SURGUT
Novoagansk
Langepas
Megion
Kolek''egan
Irtyš
Cingaly
Pyt'-Jach
Demjanskoje
Lumkoj
Turtas
Gornospinkino
Kajukova
NIŽNEVARTOVSK
Sosnovyj Bor
Streževoj
Korliki
Lar'jak
Vach
Aleksandrovskoje
Demjanka
Nefedova
Gerasimovka
Nazino
Pyrčino
Bol. Karagaj
Vanžil'-Kynak
Zagvazdino
Želtyj Jar
Vas'ugan
Sr. Vas'ugan
Nekotka
Napas
Tym
Vasjuganskaja ravnina
Nov. Vas'ugan
Tevriz
Kargasok
Berezovka
Pajdugina
Vikulovo
Cižapka
Parabel
Parabel'
Znamenskoje
Vasiss
Vesely
Novikovo
Lisica
Bol. Uki
Tara
Kolosovka
Sedel'nikovo
Kolpaševo
Ket'
T'ukalinsk
Orlovka
Kedrovyj
Mogil'nyj Mys
Belyj Jar
295
Nazyvajevsk
Bol'šerečje
Muromcevo
Čulym
Tara
Kyštovka
Vysokij Jar
Mogočin
Baturino
145
Kr. Jar
327
Timofejevka
Bakčar
Ľubinskij
Ust'-Tarka
Severnoje
Nov. Burka
Krasnyj Jar
374
Poťukanovo
OMSK
Kalačinsk
Balman
Mel'nikovo
Mor'akovskij
Asino
Zaton
Irtyš
Tatarsk
Čany
Kujbyšev
Ponomarevka
178
Odesskoje
Barabinsk
342
TOMSK
223
Postnik
Russkaja Pol'ana
Forpost-Kargat
99
Tajga
2
Kargat
Čulym
168
Jurga
ANŽERO-SUDŽE
207
M38
Kupino
Edvinsk
M51
Kočenevo
M53
Tom
Berezovsk
Kajrat
117
122
BIRSK
Togučin
106
Irtyšsk
267
119
Berdsk
Topki
KEMERO
96
Kačiry
Karasuk
Novosibirsk
Iskitim
256
Promyšlennaja

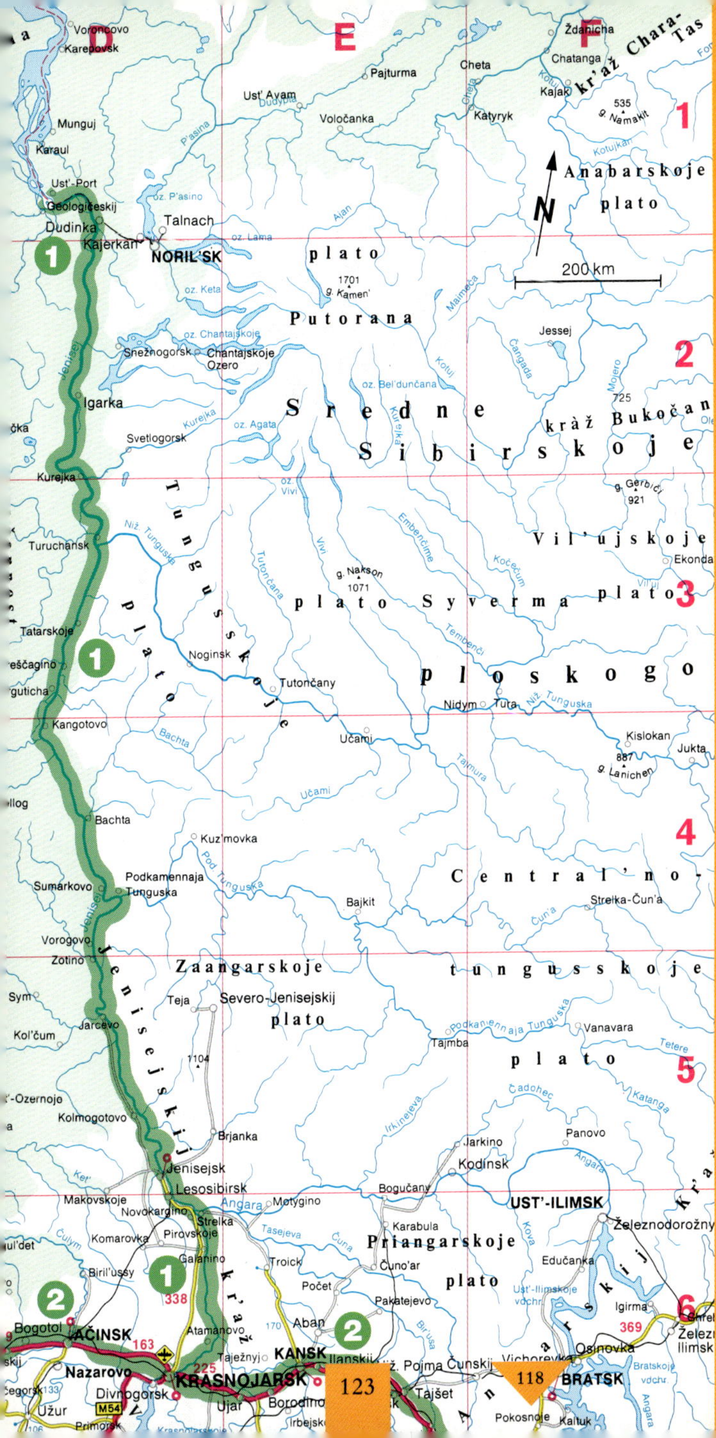
D
E
F
1
2
3
4
5
6
Voroncovo
Karepovsk
Munguj
Karaul
Ust'-Port
Geologičeskij
Dudinka
Kajerkan
Talnach
NORIL'SK
oz. P'asino
oz. Lama
oz. Keta
oz. Chantajskoje
Snežnogorsk
Chantajskoje Ozero
Igarka
Svetlogorsk
Kurejka
Turuchansk
Tatarskoje
Kangotovo
Bachta
Podkamennaja Tunguska
Sumarkovo
Vorogovo
Zotino
Sym
Jarcevo
Kol'čum
Kolmogotovo
Jenisejsk
Lesosibirsk
Makovskoje
Novokargino
Strelka
Komarovka
Pirovskoje
Galanino
Biril'ussy
Bogotol
AČINSK
Nazarovo
KRASNOJARSK
Divnogorsk
Užur
Primorsk
M54
163
225
338
Atamanovo
Tajožnyj
KANSK
Ilanskij
Ujar
Borodino
Irbejsk
Aban
Pakatejevo
Počet
Troick
Čuno'ar
Karabula
Motygino
Bogučany
Kodinsk
Jarkino
Angara
Tasejeva
Čuna
Priangarskoje
plato
Tajšet
Vichorevka
Osinovka
BRATSK
Pokosnoje
Kaltuk
Bratskoje vdchr.
Ust'-Ilimskoje vdchr.
UST'-ILIMSK
Železnodorožnyj
Edučanka
Igirma
369
Ust' Avam
Dudypta
Pajturma
Voločanka
P'asina
Cheta
Katyryk
Ždanicha
Chatanga
Kajak
Kotuj
kr'až Chara-Tas
535
g. Namakit
Kotujkan
Anabarskoje
plato
N
200 km
plato
1701
g. Kamen'
Putorana
Ajan
Majmeča
Jessej
Čangada
Kotuj
oz. Bel'dunčana
Srednesibirskoje
725
kràž Bukočan
Mojero
oz. Agata
Kurejka
oz. Vivi
Vivi
Tunguskoje plato
g. Gerbiči
921
Vil'ujskoje
Ekonda
Vil'uj
Niž. Tunguska
Tutončana
g. Nakson
1071
plato Syverma
plato
Embenčime
Kočečum
Tembenči
ploskogo
Noginsk
Tutončany
Nidym
Tura
Učami
Kislokan
Jukta
887
g. Lanichen
Tajmura
Učami
Kuz'movka
Pod. Tunguska
Bajkit
Strelka-Čun'a
Čun'a
Central'no-
tungusskoje
plato
Zaangarskoje
Teja
Severo-Jenisejskij
plato
1104
Brjanka
Jenisejskij kr'až
Podkamennaja Tunguska
Vanavara
Tajmba
Tetere
Čadobec
Katanga
Panovo
Irkinejeva
Kova
Angarskij kr'až
Ket'
Čulym
Bir'usa
Niž. Pojma
Čunskij
123
118

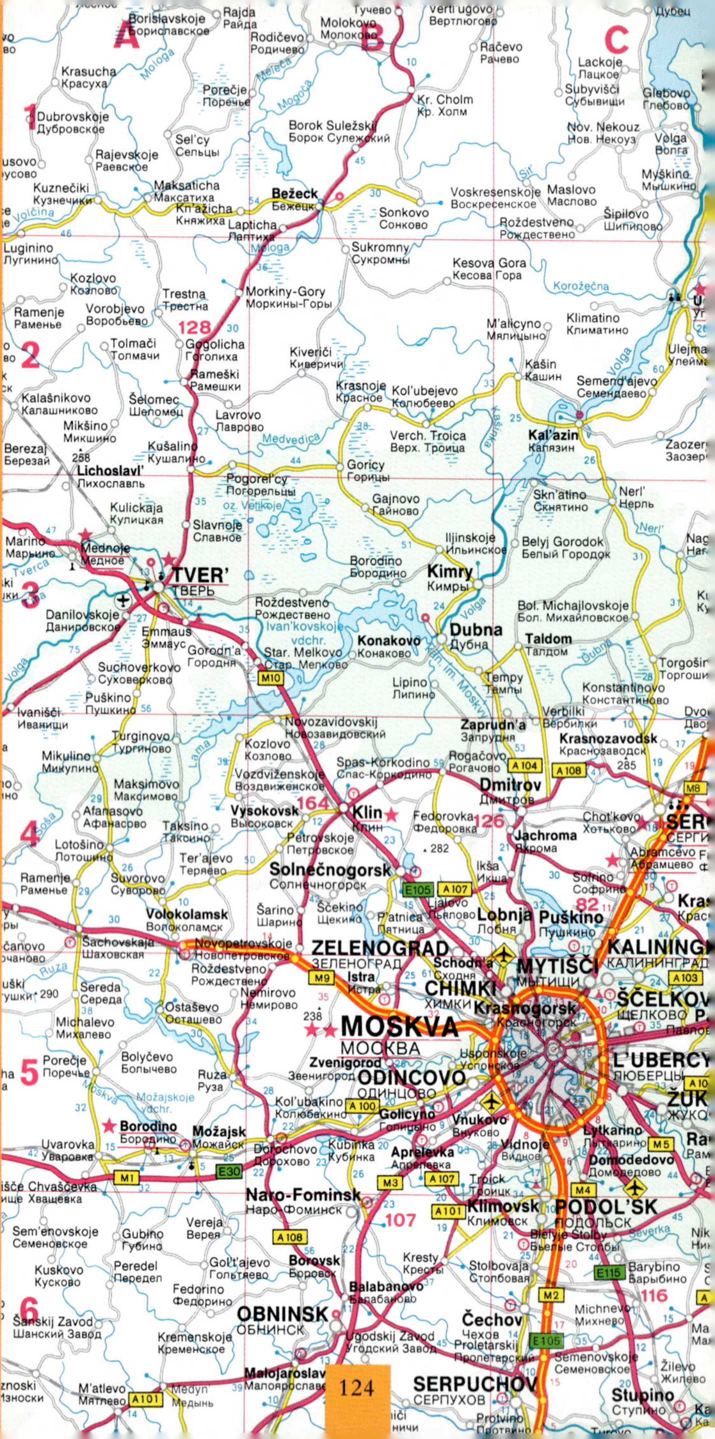
A
B
C
1
2
3
4
5
6
Borislavskoje
Бориславское
Rajda
Райда
Тучево
Vertl'ugovo
Вертлюгово
Дубец
Rodičevo
Родичево
Molokovo
Молоково
Račevo
Рачево
Krasucha
Красуха
Mologa
Porečje
Поречье
Kr. Cholm
Кр. Холм
Lackoje
Лацкое
Subyvišči
Субывищи
Glebovo
Глебово
Dubrovskoje
Дубровское
Borok Suležskij
Борок Сулежский
Sel'cy
Сельцы
Nov. Nekouz
Нов. Некоуз
Volga
Волга
Rajevskoje
Раевское
Myškino
Мышкино
Kuznečiki
Кузнечики
Maksaticha
Максатиха
Kn'ažicha
Княжиха
Bežeck
Бежецк
Sonkovo
Сонково
Voskresenskoje
Воскресенское
Maslovo
Маслово
Volčina
Lapticha
Лаптиха
Roždestveno
Рождествено
Šipilovo
Шипилово
Luginino
Лугинино
Sukromny
Сукромны
Kesova Gora
Кесова Гора
Korožečna
Kozlovo
Козлово
Trestna
Трестна
Morkiny-Gory
Моркины-Горы
Ramenje
Раменье
Vorobjevo
Воробьево
128
M'alicyno
Мялицыно
Klimatino
Климатино
Tolmači
Толмачи
Gogolicha
Гоголиха
Kiveriči
Киверичи
Ulejma
Улейма
Rameški
Рамешки
Krasnoje
Красное
Kol'ubejevo
Колюбеево
Kašin
Кашин
Semend'ajevo
Семендаево
Kalašnikovo
Калашниково
Šelomec
Шеломец
Lavrovo
Лаврово
Mikšino
Микшино
Medvedica
Verch. Troica
Верх. Троица
Kal'azin
Калязин
Zaozerje
Заозерье
Berezaj
Березай
Kušalino
Кушалино
Goricy
Горицы
Lichoslavl'
Лихославль
Pogorel'cy
Погорельцы
Kulickaja
Кулицкая
oz. Velikoje
Gajnovo
Гайново
Skn'atino
Скнятино
Nerl'
Нерль
Slavnoje
Славное
Iljinskoje
Ильинское
Belyj Gorodok
Белый Городок
Marino
Марьино
Mednoje
Медное
TVER'
ТВЕРЬ
Tverca
Borodino
Бородино
Kimry
Кимры
Danilovskoje
Даниловское
Roždestveno
Рождествено
Ivan'kovskoje vdchr.
Dubna
Дубна
Bol. Michajlovskoje
Бол. Михайловское
Emmaus
Эммаус
Gorodn'a
Городня
Star. Melkovo
Стар. Мелково
Konakovo
Конаково
Taldom
Талдом
M10
Suchoverkovo
Суховерково
Lipino
Липино
Tempy
Темпы
Torgošino
Торгошино
Puškino
Пушкино
Konstantinovo
Константиново
Ivanišči
Иванищи
Novozavidovskij
Новозавидовский
Zaprudn'a
Запрудня
Verbilki
Вербилки
Turginovo
Тургиново
Kozlovo
Козлово
Krasnozavodsk
Краснозаводск
Mikulino
Микулино
Vozdviženskoje
Воздвиженское
Spas-Korkodino
Спас-Коркодино
Rogačovo
Рогачово
A 104
A 108
Maksimovo
Максимово
Dmitrov
Дмитров
M8
Afanasovo
Афанасово
Vysokovsk
Высоковск
164
Klin
Клин
Fedorovka
Федоровка
126
Chot'kovo
Хотьково
Taksino
Таксино
Petrovskoje
Петровское
Jachroma
Яхрома
Lotošino
Лотошино
Ter'ajevo
Теряево
Abramcevo
Абрамцево
Ramenje
Раменье
Suvorovo
Суворово
Solnečnogorsk
Солнечногорск
Ikša
Икша
Sofrino
Софрино
E105
A 107
Šarino
Шарино
Ščekino
Щекино
Ljalovo
Льялово
Volokolamsk
Волоколамск
P'atnica
Пятница
Lobnja
Лобня
Puškino
Пушкино
82
Šachovskaja
Шаховская
Novopetrovskoje
Новопетровское
ZELENOGRAD
ЗЕЛЕНОГРАД
Schodn'a
Сходня
MYTIŠČI
МЫТИЩИ
KALININGRAD
КАЛИНИНГРАД
Ruza
Roždestveno
Рождествено
M9
Istra
Истра
CHIMKI
ХИМКИ
A 103
Sereda
Середа
Nemirovo
Немирово
Krasnogorsk
Красногорск
ŠČELKOVO
ЩЕЛКОВО
Ostaševo
Осташево
MOSKVA
МОСКВА
Michalevo
Михалево
Bolyčevo
Болычево
Zvenigorod
Звенигород
Usponskoje
Успонское
Porečje
Поречье
Ruza
Руза
ODINCOVO
ОДИНЦОВО
L'UBERCY
ЛЮБЕРЦЫ
Možajskoje vdchr.
Kol'ubakino
Колюбакино
A 100
Golicyno
Голицыно
Vnukovo
Внуково
Borodino
Бородино
Možajsk
Можайск
Uvarovka
Уваровка
Dorochovo
Дорохово
Kubinka
Кубинка
Aprelevka
Апрелевка
Vidnoje
Видное
Lytkarino
Лыткарино
M5
Domodedovo
Домодедово
M1
E30
Chvaščevka
Хващевка
M3
A 107
Troick
Троицк
M4
Naro-Fominsk
Наро-Фоминск
A 101
Klimovsk
Климовск
PODOL'SK
ПОДОЛЬСК
Sem'enovskoje
Семеновское
Gubino
Губино
Vereja
Верея
107
Belyje Stolby
Белые Столбы
Severka
A 108
Kuskovo
Кусково
Peredel
Передел
Gol't'ajevo
Гольтяево
Borovsk
Боровск
Kresty
Кресты
Stolbovaja
Столбовая
E115
Barybino
Барыбино
Fedorino
Федорино
Balabanovo
Балабаново
116
M2
Michnevo
Михнево
Sanskij Zavod
Шанский Завод
OBNINSK
ОБНИНСК
Čechov
Чехов
Kremenskoje
Кременское
Ugodskij Zavod
Угодский Завод
Proletarskij
Пролетарский
E105
Semenovskoje
Семеновское
Žilevo
Жилево
Malojaroslavec
Малоярославец
M'atlevo
Мятлево
A101
Medyn'
Медынь
SERPUCHOV
СЕРПУХОВ
Stupino
Ступино
Protvino
Протвино

D
E
F
1
2
3
4
5
6
N
50 km
RYBINSK
РЫБИНСК
Volga
Semencakovo
Семенчаково
Zakob'akino
Закобакино
Pervušino
Первушино
Medvedki
Медведки
Sudislavl'
Судиславль
Raslovo
Распово
Tufanovo
Туфаново
Dmitrijevskoje
Дмитриевское
Sereda
Середа
Tutajev
Тутаев
Lom
Лом
Samet'
Саметь
V'atskoje
Вятское
Androniki
Андроники
KOSTROMA
КОСТРОМА
Varegovo
Варегово
Ustje
Устье
Kolševo
Колшево
Nekrasovskoje
Некрасовское
Bol. Selo
Бол. Село
JAROSLAVL
ЯРОСЛАВЛЬ
Tunošna
Туношна
Malyje Soli
Малые Соли
Kosmynino
Космынино
Krasnoje-na-Volge
Красное-на-Волге
Navoloki
Наволоки
A113
76
Kurba
Курба
Burmakino
Бурмакино
Nerechta
Нерехта
Ples
Плес
Kamenka
Каменка
Kr. Tkači
Кр. Ткачи
Volgorečensk
Волгореченск
Privolžsk
Приволжск
M8
Šopša
Шопша
Velikoje
Великое
95
Star. Vičuga
Стар. Вичуга
Semibratovo
Семибратово
Gavrilov-Jam
Гаврилов-Ям
Dul'apino
Дуляпино
Furmanov
Фурманов
Vičuga
Вичуга
Borisoglebskij
Борисоглебский
Podozerskij
Подозерский
Ozernyj
Озерный
Davydovo
Давыдово
Rostov
Ростов
Piscovo
Писцово
Kaminskij
Каминский
Rodniki
Родники
Ugodiči
Угодичи
Okt'abr'skij
Октябрьский
Jermolino
Ермолино
Porečje-Rybnoje
Поречье-Рыбное
IVANOVO
ИВАНОВО
Komsomol'sk
Комсомольск
Petrovskoje
Петровское
Vasiljevskoje
Kochma
Кохма
An'kovo
Аньково
185
Iljinskoje-Chovanskoje
Ильинское-Хованское
Tejkovo
Тейково
Šuja
Шуя
Osurovo
Осурово
Krapivnovo
Крапивново
Nerl'
Nov. Leušino
Нов. Леушино
Ležnevo
Лежнево
Nov. Gorki
Нов. Горки
Teza
Kolobovo
Колобово
Pereslavl'-Zalesskij
Переславль-Залесский
Koptevo
Коптево
Archipovka
Архиповка
Nerl'
Нерль
Voskresenskoje
Воскресенское
Sima
Сима
R'azancevo
Рязанцево
Voznesenje
Вознесенье
Savino
Савино
Berendejevo
Берендеево
Gavrilov Posad
Гаврилов Посад
Torčino
Торчино
Kl'az'ma
Uvod'
Jurjev-Pol'skij
Юрьев-Польский
116
Suzdal'
Суздаль
Kameškovo
Камешково
KOVROV
КОВРОВ
Aleksandrov
Александров
Nebyloje
Небылое
A113
Karabanovo
Карабаново
Kol'čugino
Кольчугино
Koloksa
Bogolubovo
Боголюбово
Penkino
Пенкино
M7
POSAD
Pekša
Orgtrud
Оргтруд
Kr. Okt'abr'
Кр. Октябрь
Stepancevo
Степанцево
Kiržač
Киржач
Čerkutino
Черкутино
Jurjevec
Юрьевец
Karavajevo
Караваево
VLADIMIR
ВЛАДИМИР
Kr. Majak
Кр. Маяк
Filippovskoje
Филипповское
Stavrovo
Ставрово
Kr. Bogatyr'
Кр. Богатырь
Novoselovo
Новоселово
Lakinsk
Лакинск
Larionovo
Ларионово
Sobinka
Собинка
Sudogda
Судогда
Andrejevo
Андреево
183
Kosterevo
Костерево
Nekl'udovo
Неклюдово
Pokrov
Покров
Petuški
Петушки
Mošok
Мошок
Malyševo
Малышево
Kr. Echo
Кр. Эхо
ORECHOVO-ZUJEVO
ОРЕХОВО-ЗУЕВО
Buža
Anopino
Анопино
Mišeronskij
Мишеронский
Uršel'skij
Уршельский
im. Vorovskogo
им. Воровского
Likino-Dulevo
Ликино-Дулево
TROSTAL'
Gus'-Chrustal'nyj
Гусь-Хрустальный
Rošal'
Рошаль
Čerusti
Черусти
Kurovskoje
Куровское
Šatura
Шатура
Zolotkovo
Золотково
Dobr'atino
Добрятино
Mezinovskij
Мезиновский
Kr. Tkač
Кр. Ткач
Šaturtorf
Шатуторф
Kivandino
Криваидино
Kurlovskij
Курловский
Vasilevo
Василево
Pol'a
Tel'ma
Тельма
Demidovo
Демидово
Aksenovo
Аксеново
Konovejevo
Коновеево
Melenki
Меленки
Klad'kovo
Кладьково
Jegorjevsk
Егорьевск
Dmitrovskij Pogost
Дмитровский Погост
Velikodvorskij
Великодворский
Kojap'
Кояпь
Il'kino
Илькино
Voskresensk
Воскресенск
Gus'
Serednikovo
Середниково
Tuma
Тума
Peski
Пески
Spas-Klepiki
Спас-Клепики
Gus'-Železnyj
Гусь-Железный
Cna
Oka
KOLOMNA
Dedinovo
Дединово
R'azanovskij
Рязановский
Syntul
Сынтул
Kasimov
Касимов
Kul'tuki
Култуки
Luchovicy
Луховицы
Beloomut
Белоомут
Kriuša
Ur'adino
Урядино
Golovanovo
Голованово
Kuz'min
Кузьмин
Ozery
Озеры
E30
Jerachtur

Enthalten sind alle erwähnten Orte, Ausflugsziele und die wichtigsten Museen. Halbfette Seitenzahlen verweisen auf den Haupteintrag, kursive auf ein Foto.

Orte und Ausflugsziele

Akademgodorok 87
Andrej-Rubljov-Museum (Moskau) 30
Angara-Dorf 81
Baikalsee 85
Bernsteinküste 59
Bernsteinmuseum (Kaliningrad) 58
Bogoljubovo 47
Bolschoj Achun 77
Bratsk 81
Bratsker Staudamm 81
Chabarovsk 82f.
Cranz 59
Dekabristen-Museum (Irkutsk) 84
Dogomys 77
Dolina Ujata 50
Donkosaken-Museum (Novočerkassk) 75
Dudinka 89
Ermitage (St. Petersburg) 32
Festival des Nordens (Murmansk) 50
Gontscharow-Heimatmuseum (Uljanovsk) 66
Gorkij-Gedenkstätte (Nižnij Novgorod) 65
Haus des 1. Sowjet (Ivanovo) 36
Igarka 89
Insel Kishi *48*, **52f.**
Institut für Polarforschung (Murmansk) 49
Irkutsk 18, **83ff.**, 91
Ivanovo 35f.
Jaroslavl 29, **37ff.**
Jekaterinburg 28
Jenissejj-Fluss 88f.
Jenisseijsk 89
Jessentuki 71, **72**
Kaliningrad 25, *54*, **55ff.**
Karabicha-Landsitz 29, **40**
Kazan 29, **62ff.**
Kishi *48*, **52f.**
Kislovodsk 71, **72**
Königsberg (s. Kaliningrad)
Königsberger Bunker (Kaliningrad) 58f.
Kola-Halbinsel 50
Kosma 89
Kostroma 40
Krasnaja Poljana 77
Krasnojarsk 88, 91
Kureijka 89
Lenin-Memorial (Uljanovsk) 67
Marine-Museum (Pereslavl-Zalesskij) 42
Mažesta 77
Michailovskoje 29, **53**
Mineralnyje Vody 71
Moskau *17*, **30f.**, 35, 94, 95, 97
Murmansk 29, **49f.**
Museum der Tataren (Kazan) 63
Museum für Holzbaukunst (Kostroma) 40
Museum für Lackminiaturen (Palech) 37
Museum für Vorrevolutionäre Geschichte (Vladimir) 47
Nižnij Novgorod 49, 61, **64ff.**
Novgorod 50ff.
Novočerkassk 75
Novosibirsk **85f.**, 90, 94
Palech 25, **37**
Panorama-Museum (Volgograd) 67
Pereslavl-Zalesskij 41ff.
Petrozavodsk 52
Petrovskij Pričal 75
Pjatigorsk 71, **72**
Pskov 49, **53**
Puschkin-Museum (Michailovskoje) 53
Rauschen 59
Rostov-Velikij 42f.
Rostov-na-Donu 71, **74f.**
Russisches Museum (St. Petersburg) 33
Sabantui 29
St. Petersburg *9*, **32f.**, 94, 95
Saratov 94
Sergiev Posad *4*, 43
Sima 91
Soči 29, 71, **75ff.**
Stalingrad (s. Volgograd)
Staraja Russa 52
Svetlogorsk 59
Suzdal 44ff.
Taiga (Stadt) 91
Taischet 91
Transsibirische Eisenbahn 18, 86, **89ff.**
Tretjakov-Galerie (Moskau) 31
Uljanovsk 61, **66f.**
Ust Port 89
Vladimir *34*, **47**
Vladivostok 17
Volgograd *60*, 61, **68f.**
Vorogovo 89
Wasserkraftwerk Lenin 68
Wolgafahrt 64
Wolga-Don-Kanal *65*, 69
Zelenogradsk 59
Želesnovodsk 71, **74**

Was bekomme ich für mein Geld?

Zunächst einmal viele Rubel, wenn Sie Ihre Euro, Schilling, Schweizer Franken oder Dollar in einer der vielen Banken, die wie Pilze aus dem Boden geschossen sind, eintauschen. Aber: Der US-Dollar wird schon heute deutlich höher bewertet als der Euro. Deshalb der Rat: Nehmen Sie einige Dollar mit auf die Reise. Anfang 2001 stand der Wechselkurs bei 1 Euro = 6,25 Rubel, aber wegen der Kursschwankungen der russischen Währung sind Tauschraten sehr kurzlebig. Wechseln Sie gleich bei Ankunft (Hotel oder Flughafen) einen Teil (beschädigte Scheine werden nicht angenommen) und bestehen Sie darauf, Kleingeld *(Melotsch)* zu erhalten. Sie brauchen es unbedingt, denn zuweilen können große Rubelscheine (beim Souvenirkauf, bei Eintrittskarten, im Café) nicht gewechselt werden.

Mit getauschten Rubeln können Sie als Tourist eine ganze Menge anfangen. Für ein gutes Mittagessen im Restaurant müssen Sie pro Person umgerechnet 15–20 Euro einkalkulieren, wobei die Unterschiede zwischen Moskau/St. Petersburg und der Provinz erheblich sind. In kantinenähnlichen Restaurants, Cafés oder Bistros, abseits der Zentren, bekommen Sie Suppe und Hauptgericht mittags schon für 3–4 Euro. Für eine Tasse Tee oder Kaffee zahlen Sie 0,50 Euro, für ein einheimisches Bier und 100 g Wodka je 1 Euro.

Alle Waren, die in Läden, Kaufhäusern oder auf dem Markt *(Rynok)* angeboten werden, sind leicht erschwinglich. Auch für Reiseerinnerungen und Stadtpläne zahlen Sie wenig. Die Fahrten mit öffentlichen Verkehrsmitteln sind sehr preiswert, das gilt eigentlich auch für Taxis. Nur, handeln Sie vorher den Preis aus.

In den letzten Jahren sind die Eintrittspreise für Museen, Ausstellungen und Sehenswürdigkeiten gestiegen. Von Ausländern werden oft höhere Preise verlangt, auch für Hotels, obwohl ein russisches Obergericht unterschiedliche Preise für Ausländer und Russen untersagt hat.

Euroschecks haben keine Gültigkeit. Kreditkarten werden in internationalen Hotels und Restaurants meist akzeptiert.